Rainer Leng

Unbekanntes Mainfranken

Von Burgen, Bildschnitzern und Bratwürsten

Volk Verlag München

FSC
www.fsc.org
MIX
Papier aus verantwortungsvollen Quellen
FSC® C095359

Die Deutsche Bibliothek verzeichnet diese Publikation in der Deutschen Nationalbibliografie; detaillierte bibliografische Daten sind im Internet über http://dnb.ddb.de abrufbar.

Tel.: 0 89/420 79 69 80; Fax: 0 89/420 79 69 86
Druck: Himmer, Augsburg

ISBN 978-3-86222-091-5
www.volkverlag.de

Inhalt

Vorwort

Dieses Buch soll als Führer zu einigen weniger bekannten Orten Mainfrankens dienen. Doch was ist eigentlich „Mainfranken"? Obwohl längst in unterschiedlichen geografischen Ausdehnungen im allgemeinen Sprachgebrauch verwurzelt, gibt es doch keine allgemein gültige Definition. Der Würzburger Ordinarius für Kunstgeschichte Fritz Knapp meinte in seinem Buch „Mainfranken – eine kunstgeschichtliche Heimatkunde" (Würzburg, 2. Aufl. 1937) eine weit gespannte Kunstprovinz, die von Bamberg über Würzburg bis Aschaffenburg reichte. Politisch wird Mainfranken gelegentlich mit dem heutigen Regierungsbezirk Unterfranken gleichgesetzt. Für Ökonomen ist die „Chancen-Region-Mainfranken" das Gebiet der beiden Planungsregionen Würzburg und Schweinfurt-Rhön und der IHK Würzburg-Schweinfurt. Geografen sprechen von einem landschaftlichen Dreiklang aus den Tälern des Mains und seiner Zuflüsse, die sich für den Weinbau eignen, den Gäuflächen, deren flachwelliges Relief mit fruchtbaren Lössböden intensiv landwirtschaftlich genutzt wird, und den angrenzenden Mittelgebirgen Spessart, Odenwald, Rhön, Haßberge und Steigerwald. Und Historiker werden den Kern Mainfrankens in einem ohnehin stets veränderlichen Grenzen unterworfenen Gebiet sehen, in dem Bistum und Hochstift Würzburg Raum und Menschen prägten. Keine Definition kann allen gerecht werden, schon gar nicht den Oberfranken, die schließlich auch fränkisch sprechen und am Main leben. Jeder wird seine eigene Auffassung gewinnen, wo Mainfranken beginnt und endet und was es eigentlich ausmache.

Für den Autor dieses Buches umfasst Mainfranken den Mittellauf des Mains mit Maindreieck und Mainviereck, die umliegenden Gäuflächen und auch jene Randbereiche der Mittelgebirge, die für das mainfränkische Zentrum Würzburg eine bedeutende Rolle spielten. Für den Verfasser ist Mainfranken, in dem er seit einem Vierteljahrhundert zu Hause ist, eine Schnittmenge aus den Verbreitungsgebieten von Wein in Bocksbeuteln, katholischen oder evangelischen Bratwürsten, dem unterfränkischen Sprachatlas und den ehemaligen Territorien von Bistum und Hochstift Würzburg. So beginnt das eigentliche Mainfranken von Osten betrachtet bei Eltmann, wenn nach den Höhen des Fichtelgebirges und dem Quellgebiet des roten und des weißen Mains 75 Kilometer vor Würzburg die ersten Weinberge sichtbar werden. Das war in früheren Zeiten schon Bamberger Einflussgebiet. Die fruchtbaren Flächen zwischen Maindreieck und Steigerwald gehören auf jeden Fall dazu. Von Norden kommend sind es Hammelburg und Ausläufer der fränkischen Saale, die heimatliche Gefühle erwecken. Dahinter wurde es fuldisch. Von Westen kommend sind es am Main die Rotweinhänge bei Klingenberg, und damit auch noch ein guter Teil des Spessarts, den das Mainviereck ja umschließt. Dies umfasst dann schon hessisches und ehemals Mainzer Gebiet. Und im Süden bilden Tauber und Gollach die Grenze, hinter der Ansbach, Hohenlohe, der Deutsche Orden oder Wertheim herrschten.

„Unbekanntes" Mainfranken ist freilich mindestens ebenso subjektiv. Dem japanischen oder neuerdings chinesischen Pauschaltouristen wird Mainfranken abseits Rothenburg und Würzburger Residenz unbekannt sein und wohl auch bleiben. Doch warum sind schon in der Rhön liegende Orte wie Bildhausen oder Frauenroth aufgenommen, andere Perlen aus der mainfränkischen Städtelandschaft wie Sommerhausen, Iphofen, Kitzingen oder Volkach nicht, die doch auch nicht auf Jedermanns Reiseroute liegen? Für das Buch musste notgedrungen eine Auswahl getroffen werden. Dabei sollte auch die Bedeutung für Geschichte und Kultur Mainfrankens eine Rolle spielen. Das erklärt den großzügigeren Umgang mit den Rändern des Raumes. Anderes steht als beispielhafte Auswahl für mainfränkische Phänomene oder Entwicklungen, wie etwa die territoriale Konkurrenz vieler kleiner Herren, die sich in Burgen, Schlössern oder Kirchbauten zu übertreffen suchten, das konfessionelle Durcheinander von katholischer Landesherrschaft und protestantischer Reichsritterschaft, die vielen Kirchenburgen und anderes mehr. Oftmals wurde versucht, vergleichbare Ziele wenigstens in den ergänzenden Bemerkungen anzusprechen.

Obwohl Mainfranken reich an Schauplätzen der Natur ist, stehen die Hinterlassenschaften des Menschen doch im Zentrum. Die historischen Hintergrundinformationen sollen dabei helfen zu erkennen, wie der Mensch über Jahrhunderte den Raum so geformt hat, wie er heute dem Besucher vor Augen steht. Viele Kräfte haben dazu beigetragen. Das frühe Ende des fränkischen Stammesherzogtums ließ dem Bischof von Würzburg Raum zu einer eigenständigen Herrschaftsbildung, die über das hochmittelalterliche geistliche Herzogtum zum frühmodernen Territorialstaat führte. Doch geschlossen war sein Territorium nie. An den Rändern und selbst mitten im Hochstift waren viele kleine Grafen und Herren selbst zur Herrschaftsbildung gelangt. Namen wie Wertheim, Rieneck, Hohenlohe, Castell, Bibra, Schönborn oder Schwarzenberg spielten ihre je eigene Sonderrolle. Reformation und Gegenreformation waren eng mit herrschaftlichen Gegensätzen verbunden. Der Repräsentationsdrang einte alle, führte aber zu unterschiedlichen Ausprägungen. Geistliche Landes- und adelige Standesherrschaft führten zu einer Dichte von Kirchen- und Klosterbauten, wie man sie sonst in Deutschland kaum findet. Die seit der Gegenreformation beförderte Volksfrömmigkeit ließ eine Vielzahl von Wallfahrtskirchen entstehen. Auch einzelne Ereignisse griffen tief in die historische und topografische Entwicklung ein. Die Schlacht von Bergtheim im Jahr 1400 verhinderte die Entstehung autonomer (Reichs-)Städte in Mainfranken. Eine Vielzahl gleichwohl unter dem Krummstab gut gedeihender Landstädte war die Folge. Der Bauernkrieg von 1525 tobte in Franken mit besonderer Härte. Er hinterließ zahlreiche, heute malerisch wirkende Kloster- und Burgruinen. Die Entwicklung Würzburgs zu einem leistungsfähigen geistlichen Fürstentum erlaubte eine barocke Bauwut, die noch die abgelegensten Dörfer zu erfassen schien. Auch einzelne Menschen haben den Raum mitgeprägt. Die Burgen Bischof Konrads von Querfurt durchziehen das Land. Tilman Riemenschneiders Arbeiten finden sich in ganz Mainfranken.

Bischof Julius Echter hinterließ mit seinem typischen Stil zwischen Spätgotik und Renaissance an vielen Stellen Spuren. Die Architekten und Hofbildhauer Balthasar Neumann, Joseph Greising, Johann Wolfgang van der Auwera oder Johann Peter Wagner überzogen das ganze Land mit ihren Bauten und Altären. Den Zeugnissen ihres Wirkens wird man in wenigstens jedem zweiten Ort auf die eine oder andere Art begegnen – auch da, wo man sie nicht erwartet.

Zu diesen Orten möchte dieses Buch führen. Es will mehr als nur schildern, was den Besucher dort erwartet. Es möchte auch – soweit es der knappe Platz gestattet – historische Entstehungsprozesse, die Bedeutung der Stätten und ihre Einordnung in das historische und kulturelle Mainfranken erklären. Wenn der Leser – wie schon der Verfasser bei seinen Touren durch Mainfranken – dabei das eine oder andere neu entdeckt, oder Bekanntes mit neuen Augen sieht, hat es seinen Zweck erfüllt. Zu entdecken gäbe es noch viel mehr. Man muss sich nur die Zeit nehmen, altbekannte Pfade zu verlassen.

Rainer Leng

Die Ruine Trimburg

Im Tal der fränkischen Saale liegt auf einem 60 Meter hohen Bergsporn oberhalb der Gemeinde Elfershausen-Trimberg weithin sichtbar die Ruine der Trimburg. Errichtet wurde sie von einem der ältesten Herrengeschlechter des Hochstifts Würzburg. Schon 1018 ist eine Anna von Trimberg erwähnt, die einen Ritter Reinhard von Hohenburg heiratete. 1182 gehörten zwei Trimberger, Berthold und Mangold, dem Würzburger Domkapitel an und 1225 traten die Trimberger dem Rheinischen Städtebund bei. In der ersten Hälfte des 12. Jahrhunderts errichteten sie wie viele andere edelfreie Herren mit der Trimburg eine feste Burg, mit der sie ihre umliegenden Besitztümer schützten. Ihr Herrschaftsgebiet erstreckte sich im Saaletal in Richtung Bad Kissingen, nach Norden in Richtung Rhön und nach Südosten in Richtung Schweinfurt.

Ursprünglich war die Anlage noch wesentlich größer. Von einer „Alten Burg" sind heute nördlich der Hauptburg nur noch wenige Reste erkennbar. Eine „Niedernburg" am Fuße des Burgbergs wurde im Bauernkrieg und im Dreißigjährigen Krieg fast vollständig zerstört. In der großen Anlage lebte in der zweiten Hälfte des 13. Jahrhunderts der Spruchdichter Süßkind von Trimberg, von dem in der großen Heidelberger Liederhandschrift sogar ein Autorbild überliefert ist. Der um 1230 bei Schweinfurt geborene Hugo von Trimberg, der neben Heiligenbiografien und einem Verzeichnis alt- und mittellateinischer Autoren vor allem für sein 24.600 Verse umfassendes Lehrgedicht „Der Renner" berühmt ist, war dagegen kein „richtiger" Trimberger, sondern Kleriker und Domscholaster in Bamberg. Er wurde aber wohl von den Herren von Trimberg gefördert und dürfte sich aus Dankbarkeit nach ihnen benannt haben. In der Endphase der Trimbergischen Herrschaft gab es auf der Burg über dem Saaletal also intensiv gepflegtes ritterlich-höfisches Leben einschließlich Dichtung und Gelehrsamkeit.

„Trimbergisch" war die Burg nur bis zum Ende des 13. Jahrhunderts. Bereits 1226 trugen zwei Trimberger ihren Stammsitz dem Bischof von Würzburg zum Lehen auf. Das heißt, sie übertrugen ihr Eigengut dem Hochstift, um es als Lehen

Die Trimburg auf dem Pfaffenberg über der Fränkischen Saale

zurückzuerhalten. 1279 schenkte schließlich Konrad III. von Trimberg die verbliebenen Besitztümer der Trimberger dem Hochstift. Nachdem 1292 dessen Sohn, Konrad IV., seine Proteste gegen diese Schenkung fallen ließ und im Gegenzug das Amt Bischofsheim in der Rhön erhielt, konnte das Hochstift Würzburg die Trimburg zu einer Amtsburg ausbauen, mit der sich das neuerworbene Territorium an der Saale kontrollieren und verwalten ließ. Zahlreiche Mitglieder von Rittergeschlechtern aus dem Bereich des Hochstifts wurden hier als Verwalter eingesetzt; 1499 war etwa Ludwig von Hutten bischöflicher Amtmann auf der Trimburg, später einige Erthals.

Eine mächtige Außenmauer umgibt die Burg. Ein tiefer Halsgraben, über den eine Brücke führt, schützt sie gegen Angreifer vom Rücken des Bergsporns. Gegen die Tornordseite steht ein mächtiger dreigeschossiger Halbschalenturm von knapp zehn Metern Durchmesser bei einer Mauerstärke von 3,20 Meter. Er ist nach innen schlitzartig geöffnet. Vermutlich

Links: Innenhof der Trimburg. Hinten der romanische Bergfried, links der Echterbau mit Renaissancetreppenhaus und Portal, rechts der Erthal-Bau
Rechts: Blick von der Trimburg über das Tal der Fränkischen Saale

stand dort eine große Blide, ein Hebelwurfgeschütz, mit dem mächtige Steinbrocken gegen den Feind geschleudert werden konnten. Der Schlitz schuf dem offenbar riesigen Wurfarm die nötige Bewegungsfreiheit. Dies gab dem Bauwerk auch den Namen Wurfturm.

Das Innere der Burg ist – anders als bei den meisten mittelalterlichen Burgruinen – heute fast vollständig überbaut. Für den Wandel der alten Wehrburg zur Amtsburg mit schlossartigen Verwaltungsbauten sorgten vor allem die Bischöfe von Würzburg. Nachdem im Bauernkrieg 1525 der aus Bildhausen anrückende Bauernhaufen die verhasste landesherrliche Burg zerstört hatte, mussten die Untertanen des Amtes Trimberg die Burg wieder aufbauen. Das Ergebnis war wohl nur eine notdürftige Reparatur und so ließ Bischof Julius Echter (1573 – 1617) im nördlichen Teil eine große Kemenate einbauen. Renaissanceportale und ein großes Treppenhaus mit einer Bauinschrift Echters erinnern an den Bauherrn, der auch anderswo Renaissance und Gotik zu verbinden wusste und so einen Stil der „Echtergotik" prägte. Nach einer weiteren Zerstörung im Dreißigjährigen Krieg erbaute man schließlich auf der anderen Seite des mächtigen alten Bergfrieds ein weiteres Gebäude, das der ganzen Anlage ein schlossartiges Gepräge gibt, an dem, umwunden von mittelalterlichen Mauern, sich Romanik, Renaissance und Frühbarock um einen kleinen, schattigen Innenhof gruppieren.

Zur Ruine wurde die Trimburg erst spät. Mit der Auflösung des Hochstifts 1803 und dem Übergang an das Haus Wittelsbach verfiel die Burg. Sie wurde auf Abbruch verkauft und teilweise tatsächlich abgetragen. Königliche Amtssitze legte man nun in die bequemeren Kleinstädte. Erst der mittelalterbegeisterte König Ludwig I. stoppte den Abbruch 1833. Seither gab es immer wieder Versuche, die Burg durch Bewirtung oder kreative Nutzung zu schützen und wiederzubeleben. Doch erst seitdem sie 1980 vom Markt Elfershausen erworben wurde und vom Verein „Freunde der Trimburg" unter Mithilfe der Gemeinde und dank der Spenden zahlreicher Privatpersonen und Unternehmen restauriert wird, ist sie wieder ein attraktives Ausflugsziel. Hier lässt sich der Geschichte von Adelsgeschlechtern und Bischofsherrschaft nachspüren, aber auch Naturerleben genießen. Um die Ruine kreisen Dohlen und Mauersegler. Wer Glück hat, kann auch ein Falkenpärchen beobachten, das zwischen dem nahen Wald und dem alten Bergfried seine Kreise zieht.

Von der Trimburg aus lohnt eine Fahrt durch das Tal der Saale. Eine weitere sehenswerte Burg befindet sich in Bad Kissingen. Auf der Höhenburg im Stadtteil Reiterswiesen war der Minnesänger Otto von Botenlauben zu Hause. Sein Grab befindet sich etwas weiter nördlich in Frauenroth. Einen älteren Burgentyp kann man auf der Eiringsburg ca. 1,3 km nordwestlich des Bad Kissinger Stadtteils Arnshausen besichtigen.

Ein Zwischenstopp lohnt sich auch in Aura an der Saale. Dort gibt es eine schöne kleine Wallfahrtskirche oberhalb des Ortes. Etwa 1,5 km hinter der Kirche liegt die riesige Bauruine einer nie fertiggestellten frühbarocken Kirche. Gleich daneben kann man sich im Café-Restaurant „Ruine Aura" eine Pause gönnen. Die Küche bietet mediterrane und fränkische Spezialitäten. Die Produkte stammen von regionalen Anbietern. Besonders die vielen Gerichte vom Rhöner Weiderind sollte man versuchen.

RUINE TRIMBURG

Von Trimberg aus und auch von der kleinen, nördlich der Burg gelegenen Ortschaft Engenthal (die ihren Namen zu Recht trägt), führen steile Fußpfade zur Burg. Wer möchte, kann auch mit dem Auto bis kurz vor das Burgtor fahren. Die Auffahrt ist leicht zu verfehlen: Auf der B 287 geht es unter der Burg vorbei noch etwa 1,5 km in Richtung Bad Kissingen, dann führt rechts ein teilweise unbefestigter Waldweg zur Burg. Ein Hinweisschild an der Abfahrt zeigt zudem, ob die Burg gerade offen ist. Dann bietet eine kleine Gaststätte auch Brotzeiten und Getränke. Öffnungszeiten: Mai bis Oktober, Sonn- und Feiertage ab 11 Uhr; Besichtigungen im Außenbereich sind jederzeit möglich. Im Sommer finden auf der Trimburg verschiedene Feste, Mittelaltermärkte oder Konzerte statt. Die Termine werden angekündigt auf der Homepage des Vereins „Freunde der Trimburg" (www.trimburg.eu).

Rechte Seite: Chor mit Apsis und dem Grabmal von Otto von Botenlauben und Beatrix von Courtenay

Das Grabmal Ottos von Botenlauben in Frauenroth

Im abgeschiedenen Frauenroth liegt ein Minnesänger begraben, der es sogar in das „Who is who“ des mittelalterlichen Minnesangs geschafft hat: Otto von Botenlauben ist in der berühmten Manesseschen Liederhandschrift im langen Gewand abgebildet, wie er gerade einem Boten eines seiner Lieder anvertraut. Dabei verstand Otto keineswegs nur etwas von Liebeslyrik. Der Ritter aus dem Geschlecht der Grafen von Henneberg war viel herumgekommen. Spätestens seit 1197 stand er in den Diensten des Staufers Heinrich VI. Er begleitete ihn nach Italien und nahm auch an dem Kreuzzug teil, den der Kaiser noch vorbereitet hatte, aber nicht mehr erleben sollte. Im Heiligen Land machte der offenbar mit Klugheit und Kampfesmut gesegnete Otto von Botenlauben rasch Karriere. Dort lernte er auch Beatrix von Courtenay kennen. Die Erbtochter des königlichen Seneschalls des Königreichs Jerusalem brachte eine große Herrschaft in der Umgebung von Akkon im Heiligen Land in die Ehe ein. Auch drei große Kreuzfahrerburgen gehörten dazu. Nach 23 Jahren im Heiligen Land kehrte Otto von Botenlauben in seine fränkische Heimat zurück. Seine Herrschaft im heuti-

Das Stifterpaar Otto von Botenlauben und Beatrix von Courtenay

gen Syrien hatte er dem Deutschen Orden verkauft. Er residierte nun in der Burg Botenlauben, nach der er sich künftig auch nannte. Neben neuen Diensten am staufischen Hof pflegte er auch den Minnesang. Vermutlich erprobte er seine Künste bereits am Hof Heinrichs VI., der selbst Minnelieder schrieb. So dürfte er auch im Heiligen Land gesungen haben. In seinen Werbe- und Tageliedern besang er auch ein „Kleinod der Morgenlande" und eine Frau wie „Gold aus Indien". Ob er damit die angebetete ferne Holde für sich gewann? Obwohl seine Lieder dem frühen Minnesang zugerechnet werden, ist doch in großer dichterischer Freiheit und ungewöhnlichen Strophenformen immer wieder von erfüllter Liebe die Rede: „Mir hat ein wîp herz und lîp / betwungen unde gar verhert. / diu ist sô guot swaz sie mir tuot: / will sî, so wirde ich sanfte ernert. [...] wie suoze ich danne singe und seitenspil erklinge / swenn ich froeliche ob allen froiden swebe!"

Zwei Söhne gingen aus der Ehe mit Beatrix von Courtenay hervor. Einer trat früh in den geistlichen Stand ein. Der andere heiratete, verließ aber im Jahr 1230 seine Frau, um in den Deutschen Orden einzutreten. So stand das Paar ohne Erben da. Im folgenden Jahr gründeten sie mit einem großen Teil ihres Besitzes das Zisterzienserinnenkloster Frauenroth. Der erste Teil des Namens kam von den dort lebenden Nonnen, der zweite von dem Wort „roden". Die Gründung lag also in unbesiedeltem Waldland. An die Klostergründung ist eine der zahlreichen Varianten der Schleiersage geknüpft. Bei einem Spaziergang soll ein Windstoß den Schleier Beatrix' fortgeweht haben. Sie ließ ihn suchen und gelobte, ein Kloster an dem Ort zu errichten, wo man das kostbare Stück finden werde. 1242 verkaufte das Paar auch noch seine Burg Botenlauben an das Hochstift Würzburg und zog sich immer mehr in das geistliche Leben zurück. Im Kloster ließen sich die beiden nach 1245 gestorbenen Gründer auch bestatten. Das Kloster bestand bis 1574. Im Dreißigjährigen Krieg wurden die Gebäude schwer beschädigt und bis auf das Mittelschiff der Klosterkirche abgebrochen. Doch das Hochgrab der beiden Stifter blieb bis heute erhalten. Es zählt zu den wenigen vollplastischen Hochgräbern weltlicher Adeliger aus der Stauferzeit. Fernab der großen Zentren ist es ein eindrucksvolles Zeugnis staufischer Bildhauerkunst. Dem Vergleich mit den Figuren von Mauritius und Katharina im Magdeburger Dom (die bisher für Otto I. und seine Gemahlin Adelheid gehalten wurden), den Stifterfiguren im Naumburger Dom oder dem Bamberger Reiter halten sie leicht stand.

Einträchtig liegen die beiden nebeneinander. Der Bildhauer stellte sie als Idealtypen eines staufischen Ritters und seiner Dame in jugendlicher Frische dar, die Köpfe auf Kissen gelagert, das Gewand in langen Falten zu Boden fließend. Beatrix trägt einen Schleier um die Haare, die offen in langen Locken niederfallen. Das Tuch mag zur Entstehung der Gründungslegende beigetragen haben. Auch Otto wird im langen Gewand dargestellt. Nur ein Gürtel, vielleicht ein Wehrgehenk, verweist auf den Ritterstand. Seine Locken trägt er etwas kürzer. Auf den Beinen ruht ein Schild. Daneben duckt sich wie in Trauer um seinen Herrn ein kleines Hündchen. Das Grabmal hinterlässt einen tiefen Eindruck in der ansonsten recht schmucklosen romanischen Saalkirche, an deren Wänden nur ein paar kleinere Epitaphien und in der Apsisrundung wenige, einfache spätgotische Fresken zu sehen sind. Ein jüngerer Hochaltar trennt Chor und Laienkirche. Er wurde von Maximilian Adam von Blumencron gestiftet, der nach dem Dreißigjährigen Krieg im Jahr 1652 als Verwalter der Klostergüter die zerstörte Kirche wieder für den Gottesdienst herrichten ließ. Die Predella des doppelseitig verwendbaren Altars zeigt ihn auf der Rückseite mit seinen beiden Frauen und seinen elf Kindern vor einem Kreuz kniend. Der Chor der erst 2012 wieder restaurierten Kirche gehört ganz dem Grabmal und dem Andenken an die Klosterstifter. Die beiden Figuren ruhen heute auf einem niedrigen Podest, sodass der Besucher dem Minnesänger und seiner hochgestellten Gemahlin, einst Besitzerin eines kleinen Reiches im fernen Syrien, direkt in die Gesichter mit ihren feinen Zügen und den offenen Augen blicken kann.

Staufische Bildhauerkunst in Frauenroth

Ein weiteres hochrangiges Kunstwerk war einst im Zisterzienserinnenkloster Frauenroth zu Hause: die „lächelnde Madonna". Die knapp über einen Meter hohe Sandsteinplastik zeigt eine selig lächelnde Maria mit einem Jesusknaben auf dem Schoß, der seiner Mutter ins Gesicht blickt. Sie ist der Beatrix in Frauenroth mit langem, lockigen Haar, Schleier und faltenreichem Gewand nicht unähnlich. Ob die Figur tatsächlich burgundischen Bildhauern und einem direkten Auftrag Beatrix zuzuschreiben ist, ist nicht beweisbar. Vermutlich kam die Figur während der Plünderungen des Klosters im Dreißigjährigen Krieg abhanden. Wer sie heute sehen möchte, muss von Frauenroth zurück nach Burkardroth und dort nach links abbiegen und der Forstmeisterstraße folgend auf der Staatsstraße 2290 weitere 2 km bis in den Ortsteil Lauter zurücklegen. Die „lächelnde Madonna" ist dort in der Kirche „Johannes Enthauptung" zu sehen. Die Kirche ist tagsüber geöffnet. Architektonisch stammt sie aus verschiedenen Epochen, wobei die neuesten, durch den Würzburger Dombaumeister Hans Schädel 1976 geschaffenen Teile dominieren. Die dreieckige Form des Daches und der Fenster werden im Anklang an den Architekten auch als „Schädelecken" bezeichnet.

Wer auch die Burg Botenlauben besichtigen will, in dem der Minnesänger und seine Frau residierten, muss nur in das ca. 12 km weiter südlich gelegene Bad Kissingen fahren. Die Höhenburg liegt über der Stadt im Stadtteil Reiterswiesen. Auf einer langgezogenen Bergkuppe stehen zwei starke Rundtürme, dazwischen eine schmalere Burghälfte im Norden und eine breitere im Süden. Letztere dürfte noch auf Otto von Botenlauben zurückgehen. Der in kräftigen Buckelquadern gebaute Nordturm trägt heute eine Aussichtsplattform, die einen weiten Rundblick über Bad Kissingen und die Rhön erlaubt. Nach dem Verkauf der Burg diente sie dem Hochstift Würzburg als Amtsburg. Mit dem Dreißigjährigen Krieg begann der Verfall. Die Burg ist durchgehend zugänglich. Wer etwas Besonderes erleben möchte, sollte bis zum dritten Septemberwochenende warten. Dann wird die Burg belebt von über 300 historisch gewandeten Minnesängern, Rittern, Gauklern, Spielleuten oder Burgfräulein. Nach einer kleinen Stärkung im Bad Kissinger Kurbetrieb können Freunde alter Burgen auch noch die Eiringsburg erkunden. Sie liegt ca. 1,3 km nordwestlich des Bad Kissinger Stadtteils Arnshausen und stellt einen wesentlich älteren Burgentyp dar. Von der 120 x 65 m großen Zwingburg, die bereits in karolingischer Zeit errichtet und wohl noch bis in die Zeit der Ungarneinfälle im 10. Jahrhundert als Fliehburg benutzt wurde, sind heute noch die steinfundierten Reste der Ringwallanlage erhalten.

FRAUENROTH

97705 Burkardroth. Die Kirche in Frauenroth ist zu normalen Tageszeiten geöffnet.

Rechte Seite: Syndikatsbau mit Renaissanceerker, Portal und Archivturm von der Gartenseite; am Fuß des Turms befindet sich der Eingang zum Cellarium

Das Zisterzienserkloster Bildhausen in der Rhön

Die ehemalige Zisterzienserabtei Maria Bildhausen liegt bei Münnerstadt am Ostrand der Rhön. Wer heute bei einem Spaziergang durch die weitläufigen und parkartigen Anlangen auch nach einer guten Stunde noch immer nicht alle Ecken innerhalb der vollständig erhaltenen Umfassungsmauer durchmessen hat, wird verstehen können, warum sich im Bauernkrieg von 1525 die Aufständischen die unermesslich reiche Abtei als eines der ersten Ziele ihres Zorns aussuchten. Gerade einmal 40 bis 50 Mönche hatten sich hier aus den Abgaben einiger Tausend Bauern ein repräsentatives Herrschaftszentrum geschaffen, das den unter harten Lasten stöhnenden Aufständischen geradezu als Verhöhnung ihrer alltäglichen Mühsal erscheinen musste. Bildhausen wurde schwer verwüstet. Mit den Urkunden und Zinsbüchern, in denen die bäuerlichen Abgabepflichten verzeichnet waren, wurden die Brotöfen angeheizt. Von hier aus zogen die 7.000 Bauern des Bildhäuser Haufens weiter nach Würzburg, wo sie vor den Mauern der fürstbischöflichen Festung eine blutige Niederlage erlitten. Das furchtbare Gemetzel bei Ingolstadt blieb ihnen erspart. Sie hatten sich vorher schon zurückgezogen. Die letzten Bauern ergaben sich Anfang Juni 1525 bei Meiningen.

Syndikatsbau

Maria Bildhausen hatte zu diesem Zeitpunkt schon eine lange Geschichte hinter sich. 762 als „Casa Sanctae Mariae“ zum ersten Mal erwähnt, stiftete hier Pfalzgraf Heinrich von Stahleck 1158 ein Zisterzienserkloster. Die ersten Mönche kamen aus Ebrach. Die ursprünglich in abgelegener Einsamkeit im Tal des Dippachs gelegene Zisterze blühte rasch auf. Bis zum Bauernkrieg war es mit Besitz in über 150 Orten eines der reichsten Klöster in ganz Franken. Aus der frühen Zeit stammt noch das Torhaus. Mit seinen Dreiviertelsäulen und Knospenkapitellen ist es eines der wenigen erhalten Beispiele für klösterliche Toranlagen. Nach dem Bauernkrieg richteten auch der Markgräfler Krieg von 1552 bis 1554 und der Dreißigjährige Krieg von 1618 bis 1648 große Verwüstungen an. Doch Dank des großen Landbesitzes konnte sich Bildhausen immer wieder erholen. 1625 entstand der große Abtei- und Syndikatsbau im Stil der späten Renaissance – einer der wenigen Großbauten, die im Dreißigjährigen Krieg begonnen wurden. An der Südseite begrüßen Renaissancegiebel den Besucher, der durch das Torhaus die Anlage betritt.

Ein Erker und ein viereckiger Archivturm gehören ebenfalls in diese Zeit. Die bedeutendste Blütephase lag aber im 18. Jahrhundert. Praktisch die gesamte Anlage wurde von Grund auf neu erbaut. Vor allem Abt Bonifaz Geßner tat sich als Umgestalter im barocken Stil hervor. Den Syndikatsbau schmückte er mit einem reich stuckierten Treppenhaus, die Abtwohnung im Obergeschoss mit Rokokodekor. Im Garten ließ der sonnenliebende Abt 1766 einen Pavillon erbauen, der in Mußestunden als lichtdurchfluteter Rückzugsraum und als Sommerrefektorium diente. Ein gewaltiges Konventsgebäude aus dem 17. und 18. Jahrhundert, dessen älteste Teile noch in die Gründungszeit zurückgehen, nimmt heute einen großen Teil des Geländes ein. Im Süden steht ein Bibliothekspavillon mit einem Büchersaal, der allegorische Gemälde und ein Bild der Aufnahme Mariens in den Himmel beherbergt. Auch christliche Wissenschaft wurde hier intensiv gepflegt. Die Buchbestände sind aber leider weitgehend verloren. Insgesamt 18 größere Gebäude umfasst das Klosterareal. All dies ist heute noch zu sehen. Doch das, was ein Kloster im Kern ausmacht, fehlt heute: die Klosterkirche. Dabei war die Klosterkirche eine der prachtvollsten in ganz Franken. Die 1179 geweihte romanische Basilika, ein großer Bau mit gestaffeltem Fünfapsidenchor wurde in den letzten Jahrzehnten des Klosterlebens umfassend barockisiert. 18 große Altäre zierten die Kirche.

Doch mit der Säkularisation mussten die letzten 29 Konventualen mit ihrem Abt Nivardus Schlimbach das Kloster

verlassen. Die Mennonitenfamilie Muselmann zog in das alte Kloster ein und begründete dort eine „Mennoniten-Brüder-Gemeinschaft". Die meisten Mitglieder wanderten bis zum Ende des Jahrhunderts nach Amerika aus. Die Klosterkirche samt Refektorium und Kreuzgang wurde auf Abbruch verkauft und ist heute vollkommen verschwunden. Nur ein Treppenturm entging dem Abriss und steht heute verloren in der Parklandschaft zwischen Syndikatsbau und Konventsgebäude. An seinen Flanken erkennt man noch die Maueransätze der alten Gebäude. Die prachtvollen Altäre wurden verkauft und in alle Winde zerstreut. Der Hochaltar kam nach Wechterswinkel, die Seitenaltäre stehen heute z.B. in Kleinwenkheim, Leubach oder Reyersbach. Da die Säkularisationsakten des Klosters 1945 in Würzburg verbrannten, sind gar nicht mehr alle Spuren nachzuvollziehen.

Gegen Ende des 19. Jahrhunderts erwarb der schwäbische Priester Dominicus Ringeisen von Ursberg die gesamte Anlage. Seine St.-Josefs-Kongregation kümmerte sich hier nun um geistig Behinderte. Sechs Schwestern der Kongregation unterhalten bis heute ein Wohnheim, ein Wohnpflegeheim sowie Fachpflegeeinrichtungen und betreiben außerdem einen Klostergasthof und eine Metzgerei. In der „Abtstube" des Gasthofs hängen Porträts einiger ehemaliger Äbte, in der urigen „Klosterstube" sieht man aufwendige Deckenmalereien mit Bildhäuser Motiven. Im Klosterladen gibt es außer Fleisch- und Wurstwaren aus biologischer Herstellung auch viele Produkte aus den Werkstätten der St.-Josefs-Kongregation. Der Syndikatsbau wird auch als repräsentative Tagungsstätte vermietet. Der größte Teil der 138 Hektar umfassenden Landwirtschaft wurde 2006 in einem Golfplatz umgewandelt.

Heute erlaubt die großzügige und gepflegte Anlage ausgedehnte Spaziergänge auf den Spuren eines alten Zisterzienserklosters ohne Kirche. An vielen Ecken gibt es etwas zu ent-

Linke Seite, oben: Gewölbekeller unter dem Syndikatsbau
Linke Seite, unten: Das prachtvolle Treppenhaus

Sommerrefektorium von Abt Bonifaz Geßner

decken. In den Park steigt man durch einen Treppenaufgang am Ende des Syndikatsbaus hinunter. Am Fuß des mächtigen Viereckturms sollte man nicht versäumen, die meist unverschlossene Tür zum Cellarium zu öffnen. In den eindrucksvollen Gewölben lagerte der Cellerar einst die Klostervorräte. Heute befindet sich in den Kellern eine Ausstellung von Werken des Künstlers Willi Grimm, die sich auch über die Freifläche erstreckt. Das Sommerrefektorium mit weiteren Werken steht ebenfalls meist offen. In einem weiteren Gewölbekeller gegenüber dem Konventsbau ist eine Ausstellung über die Spuren der Altäre der ehemaligen Klosterkirche untergebracht.

Wer sich nach Bildhausen aufmacht, sollte auch einen Zwischenstopp in Münnerstadt einlegen. Die ganz von der Geschichte der Grafen von Henneberg und vom Deutschen Orden geprägte Stadt ist nicht nur als Ensemble mit Stadtmauer und wehrhaften Toranlagen sowie vielen alten Fachwerkhäusern und Höfen interessant. Sie beherbergt außerdem die burgartig mit Häusern umstandene Kirche St. Maria Magdalena aus dem 12. und 13. Jahrhundert, die man auch als

„Rhön-Dom" bezeichnen könnte. Die gotische Kirche, die noch ein romanisches Westportal mit Kapitellschmuck besitzt, ist im Inneren mit Wandmalereien der Renaissance verziert. Viele in Stein gehauene Epitaphien der umliegenden Adelsgeschlechter stehen an den Wänden. Vor allem die Altäre zieren Schätze spätmittelalterlicher Tafelmalerei und Schnitzkunst. Am berühmtesten ist der 1490/92 von Tilman Riemenschneider (um 1460–1531) geschaffene Magdalenenaltar. Obwohl es einer seiner frühesten Aufträge für einen Gesamtaltar war, ist die Meisterschaft unverkennbar. Anderes stammt von Veit Stoß. Auch die Glasfenster des Chors und ein Ölberg in der Seitenkapelle am Westportal stammen aus dem 15. Jahrhundert.

Der Treppenturm, der einzige Rest der inneren Klosteranlage mit Kirche, Kreuzgang und Refektorium

Auf dem weiteren Weg nach Bildhausen lohnt noch ein kurzer Stopp in Kleinwenkheim. Das ansonsten recht einfach gehaltene spätgotische Kirchlein mit einem in die Wand eingelassenen Sakramentshaus mit halbplastischen Fialen beherbergt zwei Altäre aus der ehemaligen Kirche von Bildhausen. Auf der Weiterfahrt lässt sich in Großwenkheim das Wirken der Bildhäuser Zisterzienser beobachten. Hier ließ der Abt Bonifaz Geßner von 1766 bis 1767 eine für das kleine Dorf unter Bildhäuser Herrschaft eigentlich viel zu große barocke Kirche errichten. Die Deckengemälde gehören zu den besten Arbeiten des aus Münnerstadt stammenden Malers Johann Peter Herrlein (1722–1799), der zu den führenden unterfränkischen Künstlern des 18. Jahrhunderts zählt. Auf dem Friedhof ist Nivard Schlimbach begraben, der letzte Bildhäuser Abt (gest. 1812).

Wer dem Schicksal großer fränkischer Klöster in der Säkularisation nachgehen will, findet in Oberzell bei Würzburg ein Beispiel, wie heute ein altes, barockisiertes Prämonstratenserkloster wieder für sozial-karitative Zwecke genutzt wird. Oder man fährt nach Obertheres bei Haßfurt. Das dortige Benediktinerkloster, einst eine Anlage mit wehrhaftem Charakter unter Bamberger Einfluss, ist heute ein Land- und Weingut in privater Hand. Die alten Konventsbauten tragen schlossartige Züge. Mit Bildhausen teilt Obertheres das Schicksal eines alten Klosters mit vollkommen verschwundener Klosterkirche. Mariaburghausen, eine Zisterzienserinnenabtei, die Bildhausen einst unterstand, hat dagegen noch eine Kirche, wird aber ausschließlich landwirtschaftlich genutzt. Wer von Bildhausen aus sich wieder in Richtung Main auf den Weg macht, sollte die vielen kleinen Sträßchen quer durch die bewaldete Hügellandschaft am Ostrand der Rhön in Richtung Haßfurt nehmen – sehr reizvoll vor allem für Motorradfahrer!

MARIA BILDHAUSEN
97702 Münnerstadt. Die Anlage ist frei zugänglich.

Rechte Seite: Bildstock an der Straße nach Egenhausen. Wie ein steinerner Zeuge einer vergangenen Glaubenswelt drängt er sich zwischen die Denkmäler moderner Technik, die er vermutlich überdauern wird

Die Bildstocklandschaft
Oberes Werntal

Christentum und Volksfrömmigkeit haben Mainfranken seit der Missionierung durch die Frankenapostel Kilian, Kolonat und Totnan in der zweiten Hälfte des 7. Jahrhunderts tief geprägt. Im Zentrum der Entwicklung steht der Würzburger Dom – das Herz des Bistums und Hochstifts. In den mainfränkischen Gauen entstand eine reiche Klosterlandschaft. Die Dorfkirchen wetteiferten vor allem zur Barockzeit untereinander in Größe und Ausstattung. Ein dichtes Netz an Wallfahrtsorten durchzieht das Land. Besonders die Marienfrömmigkeit ist tief verankert. Sonn- und Feiertage gehörten ohnehin dem Gottesdienst und unter der Woche besuchte man nach Möglichkeit wenigstens die Frühmesse.

Doch die Menschen versuchten auch im Arbeitsalltag, ihre Frömmigkeit zu leben. Hausmadonnen zierten die Fassaden. Und selbst in den Ackerfluren sollten Wegkreuze zum Gebet mahnen, Kreuzschlepper die tägliche Mühsal mit der Erinnerung an den Leidensweg Christi erträglicher machen oder Heiligenfiguren eine kleine Fürbitte einlegen. Größere Bildstöcke in den Fluren gleichen kleinen Altären. Tatsächlich führten im kirchlichen Festkalender viele Prozessionen um die ganze dörfliche Flur. Die in den liturgischen Bräuchen jeder einzelnen Kirche festgelegten Stationen wurden besonders gerne mit kleinen steinernen Altären in der Flur hervorgehoben. Andere Bildstöcke stammen aus der Tradition der Sühnekreuze oder Marterln. Sie stehen für Verbrechen oder Unfälle, die sich am Ort des Kreuzes einstmals zutrugen. Auf vielen Bildstöcken haben sich deren Stifter in Inschriften verewigt. So konnten spätere Generationen am Ort des Gebets auch des Stifters gedenken und so seine Memoria wachhalten.

Bildstöcke gibt es seit dem Mittelalter. In katholischen Gegenden sind sie besonders häufig. Protestanten lehnten die Bilderfrömmigkeit eher ab. Gerade in Regionen, in denen sich katholische Traditionen mit denen der neuen evangelischen Nachbarn überschnitten, wurden Bildstöcke auch zum öffentlichen, politischen und territorialen Glaubensmanifest. Besonders in der Gegenreformation und in der Barockzeit entwickel-

Aufsatz eines kleinen Bildstocks mit einer Kreuzdarstellung, heute an der Pfarrkirche in Egenhausen. Die Rückseite hält den Namen des Stifters in Erinnerung. 1607 wurde das „Marterpilt“ von Stephanus Pfister errichtet

ten sie sich zu weithin sichtbaren Merkmalen konfessioneller Zugehörigkeit. Egenhausen und einige weitere Gemeinden im Oberen Werntal sind solche Horte steingewordener Glaubensbekenntnisse, die die ganze Flur durchziehen. Schon auf dem Weg nach Egenhausen sieht man alle paar Hundert Meter Wegkreuze am Straßenrand. Auch innerorts stehen vor vielen Häusern kleinere Bildstöcke oder Prozessionsaltäre. Um die Kirche wird es noch dichter. Und auch auf dem Friedhof gibt es ausschließlich Grabdenkmäler aus jenem lokalen Sandstein, der auch für die Bildstöcke verwendet wurde. Mit der Aufklärung sind viele Bildstöcke verschwunden, sodass heute nur noch ein Teil der Siedlungslandschaft aus dieser Tradition schöpfen kann. Ein neues Interesse an den alten Flurdenkmälern kam erst im 19. Jahrhundert wieder auf, als die Volkskunde diese Zeugnisse der Volksfrömmigkeit entdeckte und auch manche daran geknüpfte Sage untersuchte. Heute sind die meisten noch existierenden Bildstöcke in die Denkmalliste aufgenommen. Doch nur selten wird ihre Erhaltung noch so lebendig gepflegt wie in Egenhausen und in den Gemeinden des Oberen Werntals. Eine Bildstockkarte weist aus, dass in dieser Gegend nach dem Zweiten Weltkrieg noch über 50 Bildstöcke neu gestiftet wurden. Ein 2010 in der ehemaligen Schule von Egenhausen eingerichtetes Fränkisches Bildstockzentrum widmet sich ganz einer modernen, kulturgeschichtlichen Präsentation dieses alten Brauchtums. Das im selben Haus untergebrachte Kompetenzzentrum untersucht und erfasst in modernen Datenbanken und Karten alle erhaltenen fränkischen Bildstöcke und trägt mit Fachwissen zu Erhaltung und Restaurierung bei.

Pieta-Darstellung auf einem Bildstock

Wer dem Thema Volksfrömmigkeit weiter nachgehen möchte, kann noch in das ca. acht Kilometer nördlich von Egenhausen gelegene Greßthal fahren. Hier ist im ehemaligen barocken Pfarrherrenhaus ein Pfarreimuseum mit dem Pfarrschatz, liturgischen Geräten, Messgewändern, historischen Büchern und Bildwerken eingerichtet (Öffnung auf Anfrage unter Tel. 09726 3148 oder 09726 906344 im Pfarramt Wasserlosen). Noch unmittelbareres Fortleben der Volksfrömmigkeit lässt sich im nahen Sömmersdorf erleben. Hier befindet sich neben einer klassizistischen Kirche mit einigen erhaltenen spätgotischen Schnitzwerken eine große Freilichtbühne im Wald, auf der seit 1933 im Fünfjahresrhythmus die „Fränkischen Passionsspiele“ stattfinden. Das vom damaligen Dorfschullehrer Guido Halbig einstudierte Spiel wurde von den Nationalsozialisten nach der ersten Aufführung sofort verboten. Nach dem Krieg gab es ab 1957 neue Spiele, zunächst noch in unregelmäßigen Abständen. Über 100 Laiendarsteller aus dem Dorf spielen, oder vielmehr erleben die Leidensgeschichte Christi nach. Gespielt wird alle fünf Jahre in den Monaten Juni bis September.

Die Bildstocklandschaft um Egenhausen erschließt man sich am besten zu Fuß. Ausgehend vom Bildstockzentrum wurden drei gut ausgeschilderte Wanderrouten angelegt, die an zahlreichen Bildstöcken vorbeiführen. Ausgangspunkt ist das Bildstockzentrum. Beschreibungen und Karten sind dort an einem Infoständer auch außerhalb der Öffnungszeiten kostenlos erhältlich. Eine Kernroute (grüne Bildstockmarkierung) führt von Egenhausen über Schleerieth, Schnackenwerth, Bergrheinfeld und Geldersheim wieder zurück nach Egenhausen. Dabei kommt man an 45 Bildstöcken in der Flur und 25 weiteren bei ergänzenden Ortsspaziergängen vorbei. Für die insgesamt 21 km kann man sich einen ganzen Tag Zeit nehmen. In allen Orten laden Gasthäuser ein. Der Weg durch die weiten, leicht hügeligen Fluren und kleineren Flusstäler ist ein wunderbares Erholungserlebnis. Wer es flotter haben möchte, kann diese Route auch mit dem Rad zurücklegen. Eine mit blauem Bildstock ausgeschilderte Nordroute führt samt einer östlichen Erweiterung an Oberwern, Maibach, Hambach, Pfändhausen, Hain, Poppenhausen und Kronungen vorbei. Für die insgesamt 80 km mit 110 Bildstöcken benötigt man mit dem Fahrrad einen ganzen Tag. Ohne die östliche Erweiterung sind es noch 51 km mit 67 Bildstöcken. Die rot bezeichnete Südroute führt über Schleerieth, Eckartshausen, Rundelshausen, Ettleben, Werneck, Waigolshausen, Eßleben, Mühlhausen, Zeuzleben, Schraudenbach, Stettbach und Vasbühl nach Egenhausen zurück. Sie umfasst 38 km mit 80 Bildstöcken. Wer danach noch andere Regionen Mainfrankens nach Bildstöcken erwandern möchte, dem sei der nördliche Ochsenfurter Gau und das Gollachtal empfohlen. Hier gibt es zwar keine nach Bildstöcken ausgeschilderten großen Wanderwege, aber die Bildstockdichte in Fluren und Ortschaften ist mindestens ebenso hoch wie im Oberen Werntal. Ein kleiner, 2 km langer Bildstockwanderweg führt an immerhin 40 Bildstöcken in Seinsheim, Wässerndorf, Iffigheim und Tiefenstockheim vorbei. Auch bei Oberscheinfeld gibt es noch einen kleinen Bildstöcke- und Marterlweg. Ansonsten bieten sich von Egenhau-

sen aus Ausflüge in Richtung Schweinfurt an, nach Geldersheim oder Gochsheim. Eine Tour durch das Tal der Wern in Richtung Arnstein führt durch eine wunderbare Tal- und Auenlandschaft.

Fränkisches Bildstockzentrum Egenhausen

St.-Johannes-Straße 73, 97440 Werneck/Egenhausen, Tel. 09722 2213, E-Mail: kontakt@bildstockzentrum.de; Öffnungszeiten: Ostern bis Allerheiligen, Samstag 14 bis 17 Uhr, Sonn- und Feiertage 11 bis 17 Uhr; Eintritt frei. Führungen und Öffnungen können auch außerhalb der üblichen Zeiten vereinbart werden.

Rechte Seite: Renaissance-Portal des Rüffer-Turms in Schweinfurt

Die Industriekultur
in Schweinfurt

Schweinfurt ist nicht gerade für seine romantische Altstadt bekannt. Mehrere große Stadtverderben, zuletzt 15 größere Luftangriffe der Briten und US-Amerikaner in den Jahren 1943 bis 1945 ließen nicht viel an historischer Bausubstanz übrig. Die Reichsstadt, die über ein größeres Territorium verfügte, kann aber immerhin noch ein eindrucksvolles Renaissance-Rathaus und ein reichsstädtisches Zeughaus aus der Wiederaufbauphase nach dem Markgräfler Krieg 1554, eine Stadtpfarrkirche St. Johannis mit romanischen und frühgotischen Bestandteilen, Wehrtürme und Bastionen aus dem 15. bis 18. Jahrhundert und einige bürgerliche Hofanlagen seit der Renaissance aufweisen.

Viel bekannter ist Schweinfurt für seinen beispiellosen Wiederaufstieg zur modernen Industriestadt nach dem Zweiten Weltkrieg. So ist die Architektur überwiegend von der modernen Sachlichkeit geprägt. Dabei gehen viele architekturgeschichtlich wegweisende Bauten bereits in die Vorkriegszeit zurück. Dazu zählen aus den 1930er-Jahren das Ernst-Sachs-Bad oder das Willy-Sachs-Stadion sowie das Verwaltungsgebäude der Fichtel & Sachs AG, die von Paul Bonatz stammen (dessen Hauptbahnhof in Stuttgart gerade abgerissen wird). In der Nachkriegszeit kamen noch das Verwaltungsgebäude der FAG Kugelfischer und das Stadttheater von Erich Schelling hinzu. Von den 17 Schweinfurter Kirchen stammen 15 aus dem 20. Jahrhundert, darunter Bauten von Johannes Gerhard Weber oder Olaf Andreas Gulbransson. Der jüngste Coup in Sachen moderner Architektur ist das von Volker Staab in den Jahren 1998 bis 2000 realisierte Museum Georg Schäfer. Am alten Eingang zur Stadt zeigt der Museumsbau, dass mit einem mutigen Bekenntnis zu Flächen, Linien, Proportionen, Durchblicken und Blickachsen innerstädtische moderne Architektur einen großen Gewinn für eine alte Stadt darstellen kann. Diese kurze – und keineswegs vollständige – Aufzählung zeigt schon, was Schweinfurt eigentlich heute ausmacht: eine innige Verbindung von Industrie und Kultur.

Rechte Seite: der Schweinfurter Schrotturm

Die Wurzeln liegen in den Anfängen der Industrialisierung in Deutschland. Zu den bedeutenden frühen Industriellen in Schweinfurt zählt Wilhelm Sattler, der ausgehend von seiner Erfindung des „Schweinfurter Grüns“ die Stadt schon in der ersten Hälfte des 19. Jahrhunderts zu einem Zentrum der deutschen Farbenindustrie machte. 1883 konstruierte Friedrich Fischer hier die erste Kugelschleifmaschine und begründete neben einer allgemeinen Ansiedlung der metallverarbeitenden Industrie insbesondere den Aufstieg Schweinfurts zur Kugellagerstadt. Sein Vater Philipp Moritz Fischer war der Erfinder des Tretkurbelfahrrads. Ohne die Schweinfurter Kugel-, Rollen und Wälzlager wäre der Aufstieg der ganzen westlichen Welt im Maschinenbau oder in der Automobilindustrie nicht möglich gewesen. ZF (früher Fichtel & Sachs), Schäffler KG, SKF oder die Bosch Rexroth Mechatronics sind heute führend in der Branche und tragen nicht wenig zu den städtischen Einnahmen bei, die einen außergewöhnlich reichen Kulturbetrieb ermöglichen.

Ein seit Kurzem wieder zugängliches Denkmal der Kreativität früher Industrieller ist der inmitten der Altstadt in der Spitalstraße gelegene Schrotturm. Ursprünglich gehörte er als repräsentativer Treppenturm zu einem Renaissancehof, der vom kaiserlichen Schweinfurter Landrichter Balthasar Rüffer III. (1569 – 1637), dem Sohn eines aus Glaubensgründen in das protestantische Schweinfurt abgewanderten Würzburgers, errichtetet wurde. Sein Hof wurde vielfach umgebaut. Doch der Treppenturm mit dem Portal, an dem noch die Initialen „B R“ prangen, blieb erhalten. Anfang des 18. Jahrhunderts erwarb Johann Christian Voit den Turm. Er hatte nach dem Studium englischer Patentschrote ein Verfahren ersonnen, mit dem die bislang meist aus Bleihäcksel bestehende, weit streuende Schrotmunition erheblich verbessert und treffgenauer gemacht werden konnte. Nur brauchte er dazu einen möglichst hohen Turm. Denn er hatte beobachtet, dass geschmolzenes Blei, durch ein Sieb gegossen, im freien Fall Kügelchen von idealer Gestalt ergibt. Der Rüfferturm war dazu geeignet wie kein anderer. Die Renaissance-Wendeltreppe, deren Innenseiten noch zeitgenössische Grisaille-Malereien zieren, hatte nämlich eine hohle Spindel. Voit erhöhte den Turm um fünf weitere Stockwerke, baute einen Schacht bis auf den Beginn der Wendeltreppe und eine Seilwinde ein, um das flüssige Blei hochzuziehen, und produzierte so seit 1818 fast ein Jahrhundert lang erfolgreich Bleikugeln. Der Aufstieg in den Turm, in dem heute passenderweise auch der Historische Verein und die Rückert-Gesellschaft untergebracht sind, lohnt nicht nur wegen der schönen Wendeltreppe mit ihren in Stein gehauenen Verzierungen und den farbig gefassten Stufen. Nach einem mühsamen Aufstieg über die steilen Holztreppen in den jüngeren Stockwerken präsentiert sich ein faszinierender Rundblick über die Stadt, deren Werden sich von hier aus anhand von Bürgerhäusern, Industrie und Kultur bestens studieren lässt.

Nach einem Rundgang durch die Stadt sollte die Verbindung von Industrie und Kultur noch durch einen Besuch des Georg-Schäfer-Museums vertieft werden. Es geht zurück auf eine Stiftung des Schweinfurter Industriellen Georg Schäfer (1896 – 1975), einem der Erben von Friedrich Fischers „Erster Automatischer Gußstahlkugel-Fabrik". Er besaß die bedeutendste Privatsammlung deutscher Malerei des 19. Jahrhunderts. Die Pläne, sie der Öffentlichkeit zugänglich zu machen, konnte die Stiftung erst lange nach seinem Tod verwirklichen, nachdem erste Bauentwürfe von Mies van der Rohe und Alexander Freiherr von Branca nicht realisiert werden konnten. Die Gemälde, darunter eine erstaunlich große Anzahl von Werken Caspar David Friedrichs, finden im modernen Rahmen eine ideale Präsentation. In derselben Tradition steht das Museum Otto Schäfer. Es geht zurück auf eine Sammlung gedruckter Rarissima an Buchkunst und Graphik, die heute mit der ca. 8.000 historische Bände umfassenden Schweinfurter Ratsbibliothek im umgebauten ehemaligen Wohnhaus des Industriellen präsentiert werden. Das Schweinfurter Stadtgeschichtliche Museum bietet u.a. Information zur Handwerks- und Industriegeschichte der Stadt; dort ist auch Philipp Moritz

Fischers erstes Tretkurbelfahrrad zu sehen. Das Schweinfurter Stadttheater genießt auch überregional einen guten Ruf. Wer es gerne etwas kleiner hätte, für den gibt es gleich am Fuß des Schrotturms im „Schrotturmkeller“ eine Kleinkunstbühne; literarische Abende und kleine Konzerte gibt es auch im „Litera-Turm“, einem ehemaligen Pulverturm, und im Augustinum. Im nur 3 km entfernten Schloss Mainberg findet der Besucher ebenfalls Informationen über die Verbindung von Geschichte und Industriekultur. Das Gebäude geht auf eine 1245 erstmals erwähnte Burg zurück. Nach vielen Besitzerwechseln erwarb der Farbenfabrikant Wilhelm Sattler das Schloss und baute es im Stil der Neogotik und Neorenaissance um. Heute wird die Anlage nach umfangreicher Renovierung für öffentliche und private Events, für Feiern und als Filmkulisse genutzt.

SCHWEINFURT

Der Schrotturm befindet sich in der Innenstadt, in der Spitalstraße in Rathausnähe. Zu besichtigen ist der Turm während der Bürozeiten des Historischen Vereins (Montag 15 bis 17 Uhr und Dienstag 8 bis 11 Uhr) oder der Rückert-Gesellschaft (Dienstag 13 bis 17 Uhr). Links neben dem Portal befinden sich zwei Klingeln!

Museum Georg Schäfer: Brückenstraße 20, 97421 Schweinfurt, Tel. 09721 514820, E-Mail: mgs@schweinfurt.de; Öffnungszeiten: Dienstag bis Sonntag 10 bis 17 Uhr, Donnerstag 10 bis 21 Uhr; Eintritt 7 Euro, ermäßigt 6 Euro, Kinder 2 Euro.

Museum Otto Schäfer: Judithstraße 16, 97422 Schweinfurt, Tel. 09721 3870970, E-Mail: info@museumottoschaefer.de; Öffnungszeiten: Dienstag bis Samstag 14 bis 17 Uhr, Sonn- und Feiertage 10 bis 17 Uhr; Sommerpause 15. Juli bis 14. September, Winterpause 1. bis 25. Dezember; Eintritt 3 Euro, ermäßigt 2 Euro.

Stadtgeschichtliches Museum: Martin-Luther-Platz, 97421 Schweinfurt; Öffnungszeiten: Freitag 14 bis 17 Uhr, Samstag und Sonntag 10 bis 13 und 14 bis 17 Uhr; Eintritt 1,50 Euro, ermäßigt 1 Euro.

Kleinkunst in LiteraTurm und Augustinum: Programminfo unter Tel. 09722 1717 oder per E-Mail: hansdriesel@t-online.de.

Rechte Seite: Kirchenburg und Rathaus Gochsheim

Die Gochsumer Kerm –
historisches Fest im Reichsdorf

Gochsheim war bis 1802 ein „freies Reichsdorf". Dies bedeutete, dass die Gochsheimer keinerlei weltliche oder geistliche Herrschaft außer König und Kaiser zu dulden brauchten. Dieser war aber weit weg, und so genossen die Bewohner der Reichsstädte und -dörfer eine weitgehend autonome Rechtsstellung. Sie konnten ihr eigenes Rathaus bauen, sich mit Toren und Türmen befestigen, einen eigenen Rat und Bürgermeister wählen und auch das Rechtswesen in die eigenen Hände nehmen. Auf der anderen Seite mussten sie natürlich Reichssteuer zahlen und bei Reichskriegen auch Truppen stellen. Auf jeden Fall aber genoss man eine politische Nähe zu Kaiser und Reich, die die freien Einwohner – jedenfalls durfte man so fühlen – auf eine Stufe mit den geistlichen und weltlichen Fürsten hob. Dieses Selbstbewusstsein trug man öffentlich zur Schau: An Toren und am Rathaus prangte der Reichsadler, auch Siegel und Wappen zeigten direkte Zugehörigkeit zum Reich. Der durch den Pfalzgrafen bei Rhein ausgestellte kaiserliche Wappenbrief von 1568 „für unsere lieben getreuen von Gochsheim" bestätigt ausdrücklich die Verwendung „eines weisen zur linken hand sehenden Atlers mit uff gethanen flügeln". Dabei fehlte nicht einmal viel zur Reichsstadt. Die städtischen Symbole Mauer und Zinnen durften die Gochsheimer sogar im Wappen führen. Rathaus und Verfassung waren an größere Städte angelehnt. Nur die vorwiegend aus freien Bauern bestehende Einwohnerschaft, die Lage abseits der großen Handels- und Verkehrsströme und die Nähe zur tonangebenden Reichsstadt Schweinfurt verhinderten den Aufstieg. Dennoch hat die jahrhundertelange Reichszugehörigkeit ein spezifisches Bewusstsein der Einwoh-

Schwebheimer Tor an der dörflichen „Stadtmauer"

Am Rathaus manifestiert sich der Bürgerstolz der Reichsdörfler in Inschriften, die Baudaten mit den Namen der amtierenden Dorfmeister verbinden: „ANNO 1561 WAREN DORFSMEISTER DIE ERSAME CVNTZ SCHRECK VND MERTE HAGEL“

ner geschaffen, das nicht weniger bis in die Gegenwart nachwirkt wie etwa bei den Nürnbergern. Dazu gehörte auch eine ordentliche Portion Sturheit. Als etwa 1592 der Würzburger Amtmann von Mainberg, Christoph Heinrich von Erthal, in der Gochsheimer Kirche katholisch bestattet werden sollte, gestanden dies die Gochsheimer zwar zu. Aber den Versuch des Würzburger Fürstbischofs Julius Echter, bei dieser Gelegenheit gleich die Reichsfreiheit zu beseitigen und die Gegenreformation durchzusetzen, lehnten sie derart entschieden ab, dass sich daraus jahrelange scharfe Auseinandersetzungen ergaben.

Das „Reichsdorf Gochsheim“ erkennt man nicht nur an den alten steinernen Wappen im Stadtbild, die das Vorbild für das moderne Gemeindewappen abgaben, sogar im (protestantischen) Gottesdienst wurde stets des (katholischen) „Dorf“-Oberhauptes, des Kaisers, gedacht. Die Abendmahlskanne aus dem Jahr 1604, die in der Pfarrkirche aufbewahrt wird, hat einen Reichsadler auf der Innenseite des Deckels. Ganz besonders lebt die Reichstradition im Brauchtum weiter. Nach dem vorübergehenden 14-jährigen Verlust der Reichsfreiheit während des Dreißigjährigen Kriegs wurde die Reichszugehörigkeit 1649 wiederhergestellt. Dies war Anlass für ein großes Friedensfest, das bis heute im Gochsheimer Brauchtum fortlebt. Es verband sich in späterer Zeit mit der Kirchenweihe und wird bis heute am ersten Sonntag im September mit einer Nachkirchweih am folgenden Wochenende gefeiert.

Wer Gochsheim besuchen möchte, sollte alles daran setzen, an diesen Tagen da zu sein. Die „Gochsumer Kerm“ beginnt am

Oben und rechte Seite: Plantanz bei der „Gochsumer Kerm“

Samstag vor dem ersten Sonntag im September mit dem Schmücken des „Plans“, des freien Festplatzes vor der Fachwerkkulisse des Rathauses. Geschmückte Fichten und ein zehn bis 15 Meter hoher „Planbaum“ werden aufgestellt. Am Sonntag ziehen die „Planburschen“ genannten „unbescholtenen Jünglinge“ feierlich in die Kirche ein. Nach einem Ehrentrunk für Pfarrer und Bürgermeister wird der „Plankuchen“ aufgehängt. Das fünfteilige Gebäck soll den doppelköpfigen Reichsadler abbilden und ist somit bis heute sichtbares Relikt der Verbindung von Kirchweih und dem Freudenfest zur Wiedererlangung der Reichsfreiheit. Dann holen die Planburschen ihre Planmädchen aus den Häusern ab und der bis in die Nacht anhaltende Plantanz beginnt. Zuerst wird nur mit den kleinen Mädchen getanzt, den „Gensdreckli“, dann mit den Planmädchen. Der „Planhüpfer“ leitet die ganze Zeremonie und gibt schließlich den Tanz für alle frei. Die Kapelle spielt abwechselnd Walzer, Rheinländer, Schottisch und Dreher. In den Pausen dazwischen flanieren die Paare in Grüppchen immer rund um die alte Dorflinde (die heute leider von einer Kastanie vertreten wird). Manches Paar wird sich dabei fürs Leben finden. Und manches Paar tanzt mit, das sich in früheren Zeiten beim Plantanz fand. Die Mädchen tragen heute keine besondere Tracht mehr. Doch die Planburschen sind prächtig herausgeputzt: schwarzer Bratenrock mit einem violetten Stoffkreuz auf der Brust und ein hoher, mit Blumen- und Kräutern geschmückter Zylinder. An der Krempe hängen derart viele bunte Bändchen, dass manch einer kaum zu erkennen ist und sich die Bändchen beiseite halten muss, um sein Planmädchen auszumachen. Die „Gochsumer Kerm“ zieht den Besucher unweigerlich in ihren Bann. Man spürt lebendig gebliebenes Brauchtum, nicht historische Aufführung. Um den Plan herum gibt es Wein, Bier und deftige Brotzeiten bis in die Nacht. Wie beim Plantanz hat sich auch hier nichts geändert. Der Gochsheimer Pfarrer Johann Matthäus Kirchner resümierte zum Friedensfest von 1752: „hat gedauert bis früh am Tage, zwar nicht ufm Plan, doch in Wirtshäusern. Ist doch einig und ohne Schlägerey abgangen, haben 10 Eimer (zu je 68 Litern!) Most gehabt“.

Hinter Plan und Rathaus liegt die Gochsheimer Kirchenburg, eine der besterhaltenen in ganz Franken. Von außen macht sie ihrem Namen alle Ehre. Hohe, kräftige und wehrhafte Mauern mit nur wenigen Öffnungen boten eine letzte Zuflucht im Gefahrenfall. Bis auf eine kleine Öffnung beim noch immer regelmäßig genutzten Backhaus ist die Anlage vollständig geschlossen. Zum Rathaus hin ist noch eine eigene kleine Toranlage erhalten. In ihrer Mitte birgt sie die Pfarrkirche St. Michael, 1511 im spätgotischen Stil erbaut. Im Langhaus dominiert eine hölzerne Längsempore, vor dem Chor mit seinen schönen Gewölberippen eine etwas aufdringliche Holzkanzel. An das Innere der Umfassungsmauer der Kirchburg lehnen sich schmale, aber bis zu drei Stockwerke hohe und oft auch unterkellerte Gaden an. Sie dienten den Gochsheimern in friedlichen Zeiten als Speicher. In den hervorragend erhaltenen Gaden ist heute das Reichsdorfmuseum untergebracht. Durch viele enge Gänge und verwinkelte Treppen und Keller wird der Besucher durch die Geschichte des Reichsdorfes geführt, kann bäuerliches Leben in Alltag und Festzeiten nachempfinden, findet viel Information über Handwerk und Dorfleben. Die Abteilung der Militaria von der reichsstädtischen Vergangenheit bis in die Gegenwart bedürfte zwar dringend einer historischen Kommentierung, dafür entschädigen die mit viel Liebe und Sorgfalt bewahrten Räume der ackerbürgerlichen Wohnkultur: Austragsstube, Wohnküche und die nur an Sonn- und Feiertagen benutzte „Gute Stube“.

Der Gochsheimer „Plan“ vor dem Rathaus

Sonderausstellungen gelten der Rolle der Feldgeschworenen, der Feuerwehr oder der Gochsheimer Tracht. In eigenen Gaden sind eine Setzerei und eine Büttnerei bewahrt. Zwei Stockwerke füllt auch eine Fahrradsammlung vom ersten Tretkurbelrad bis zur modernen Zweiradtechnik. Die Nähe zu den Schweinfurter Manufakturen hatte auch in Gochsheim eine Radbegeisterung ausgelöst, die sich in zahlreichen Rennsporterfolgen zeigte.

Rechte Seite, oben: Gaden der Kirchenburg
Rechte Seite, unten: Rekonstruierte Wohnküche im Reichsdorfmuseum

Wer der Geschichte der Reichsdörfer weiter nachspüren will, braucht nur 4 km Richtung Nordwesten nach Sennfeld zu fahren, das den gleichen Status innehatte. 5 km weiter im Norden gibt es in Grettstadt einen der schönsten Marktplätze Frankens, dazu die Naturschutzgebiete der Grettstadter Wiesen und etwas weiter im Norden die Sulzheimer Gipshügel. Auch einige weitere Kirchenburgen gibt es. Neben der wohl bekanntesten Kirchenburg im deutlich weiter weg gelegenen Mönchsondheim am Rand des Steigerwaldes findet man gerade im Schweinfurter Land noch einige, allerdings meist nicht so gut und so vollständig erhaltene Anlagen, etwa in Euerbach, Geldersheim oder Donnersdorf, wo sogar eine reizende kleine Gastwirtschaft mit Biergarten untergebracht ist. Seit 2004 betreiben Kurt und Marion Götz in drei renovierten Gaden das „Kirchgadenstübchen Donnersdorf", das mit 25 Plätzen wohl kleinste Dorfgasthaus Frankens.

GOCHSHEIM

Die Kirchenburg ist frei zugänglich.

Reichsdorfmuseum: Öffnungszeiten: April bis Dezember, jeden ersten Sonntag im Monat 14 bis 17 Uhr; Eintritt ist frei. Eine Spende ist jedoch erwünscht – und auch verdient. Sonderöffnungen und Führungen gegen ein geringes Entgelt können beim Historischen Förderkreis Gochsheim-Weyer e.V. (Am Plan 2, 97469 Gochsheim, Tel. 09721 630323, E-Mail: info@reichsdorfmuseum.de) vereinbart werden. Über den genauen Jahresplan und weitere Aktivitäten informiert www.reichsdorfmuseum.de.

Rechte Seite: Martyrium des heiligen Laurentius

Der spätgotische Schnitzaltar in Unterhohenried

Wer bei Haßfurt durch das im Nassachgrund gelegene Dörfchen Unterhohenried kommt, dem werden gleich die beiden an der Dorfstraße unmittelbar gegenüberliegenden Kirchen auffallen. Besonders die jüngere von beiden wirkt merkwürdig deplaziert unter den gewöhnlich gotischen oder barocken Dorfkirchen Frankens. Der klassizistische Rundbau mit einer Säulenvorhalle, einem Türmchen mit Zwiebeldach und einem Kegeldach mit Laterne wirkt wie die kleine Kopie eines antiken Tempels, die sich in die fränkische Provinz verlaufen hat. Nur wenige Schritte entfernt bietet sich ein gewohnterer Anblick. Eine Dorfkirche mit einem mächtigen gotischen Turm, dessen wehrhaften Charakter noch ein paar kleine Schießscharten zeigen. Vorgebaut ist ein jüngeres, barockes Langhaus. Dem mit den wechselhaften konfessionellen Verhältnissen in Franken vertrauten Besucher erschließt sich sogleich, dass sich hier ein katholischer und ein evangelischer Territorialherr die Dorfherrschaft teilten. Naheliegend wäre dabei die Vermutung, dass den Katholiken wohl die ältere, den Protestanten die jüngere, klassizistisch-nüchterne Kirche zuzuschreiben ist.

Der erste Gedanke ist richtig. Die Herrschaft teilten sich die katholischen Bischöfe von Würzburg und die protestantischen Häuser Wettin und Hohenzollern. Der zweite Gedanke täuscht allerdings. Tatsächlich ist der schmucklos klassizistische Bau die katholische Kirche! Noch lange Zeit nach der von Julius Echter durchgeführten Gegenreformation stand den katholischen Einwohnern nur eine Kapelle im Schloss zur Verfügung. Erst nach dem Ende des Hochstifts Würzburg gelang ein Neubau. Großherzog Ferdinand von Toskana, dem in den Jahren 1806 bis 1814 das Hochstift als Säkularisationsgut zugefallen war, bevor es endgültig an Bayern ging, unterstützte den Kirchenbau. 1817 war der Bau beendet. Die spärliche Innenausstattung entspricht dem klassizistischen Äußeren, das nicht viel Ablenkung von Form und Linie erlaubt.

Einen weit katholischeren Eindruck macht dagegen die evangelische Kirche, zu der auch die Protestanten von Oberhohenried und Sylbach gehörten. Das wettinische Wappen an

Die nüchtern-klassizistische katholische (rechts) und die evangelische Kirche in Unterhohenried mit ihrem starken gotischen Wehrturm und dem barocken Langhaus (links)

der Außenseite weist auf die Konfession hin, doch beim Betreten sieht man eine Fülle von Heiligenfiguren und einen spätgotischen Hochaltar mit einer in vielen Tafeln und Bildern erzählten Laurentius-Legende, die offenbar allen protestantischen Bilderstürmern widerstanden.

Die Doppelempore, deren zweites Geschoss sich unter das holzvertäfelte Kirchdach drängt, ist mit bäuerlich-naiven Figuren Christi und der Zwölf Apostel geschmückt. Reizende pausbäckige Engelchen zieren auch einen geschnitzten Epistelstuhl aus der zweiten Hälfte des 17. Jahrhunderts. Die Kanzel ruht auf einer steinernen Säule, deren umlaufendes Band aus Reben und Trauben an den Weinbau als täglich Brot der Kirchgänger erinnert. Hinter dem Altar ist noch ein kleines gotisches Sakramentshäuschen in der Wand eingelassen. Doch im Zentrum steht der Laurentiusaltar. Die hohe Qualität seiner feinen Lindenholzschnitzerei wurde erst nach einer Freilegung von vielen dicken Farbschichten im Jahr 1953 erkannt. Seit einer Restaurierung in den 1990er Jahren tritt das alte Schnitzwerk noch plastischer und lebendiger hervor. In der Mitte stehen drei vollplastische Figuren der heiligen Maria zwischen Johannes und

Blick in den Chor mit dem Laurentiusaltar und der auf einer Steinsäule stehenden Kanzel

Laurentius, die sich der Gottesmutter leicht zuneigen. Zwei Engelchen halten eine Krone über ihrem Kopf. Dem heiligen Laurentius ist der Rost, auf dem er zu Tode gefoltert wurde, im Lauf der Zeit abhandengekommen. Sein Gesicht scheint aber noch von den Qualen des Martyriums zu künden. Ernst blickt auch Johannes. Das sinnlich-runde und heiter wirkende Gesicht Mariens und das geradezu übermütige Jesuskind auf ihrem Arm bilden dazu einen deutlichen Kontrast. In etwas kleinerer Form wiederholt sich die Marienfigur in der Nische der Predella. Hier nimmt sie die Gaben der Heiligen Drei Könige entgegen, die hier eher in der Gestalt fränkischer Honoratioren denn orientalischer Könige auftreten. Die Seitenflügel erzählen in vier Tafeln in geschnitzten Reliefs das Martyrium des heiligen Laurentius. Links oben verteilt er den Kirchenschatz als Almosen an die Armen, um so das Vermögen vor der Beschlagnahme durch den christenfeindlichen römischen Kaiser Valerian zu retten. Darunter führt man ihn zu einer Säule, an der er einen Götzen anbeten soll, nachdem er den Kaiser dadurch provoziert hatte, dass er ihm statt des Kirchenschatzes die Armen seiner Gemeinde als „den wahren Schatz der Kirche" gezeigt hatte. Der römische Soldat, der den Heiligen abführt, hat die Gestalt eines schnauzbärtigen Türken. Die Tafeln rechts zeigen Martyrium und Grablegung. Wurden zu den Fastenzeiten die Flügel des Altars geschlossen, so sah man die Tafelgemälde der Rückseite, auf denen die Heiligen Barbara, Katharina, Anna und Margaretha abgebildet sind.

Laurentius, Maria und Johannes

Wer dieses Kleinod spätgotischer Schnitzkunst in den Jahren um 1480 schuf, ist bis heute unbekannt. Die feine Bearbeitung des Lindenholzes bei einer gleichzeitig derb-humorvollen Figurenkomposition spricht für eine Arbeit aus dem Bambergisch-Nürnberger Umfeld, das sich ja bis in diesen Raum erstreckte – das nahe Obertheres war zum Beispiel ein Bamberger Kloster. Doch die weichen, entrückten Züge der Maria und ihre Neigung in den Hüften kommen wiederum den Würzburger Arbeiten Riemenschneiders nahe.

Auf dem Weg nach Unterhohenried wird man ohnehin durch Haßfurt kommen, wo sich Stadt und Ritterkapelle besichtigen lassen oder ein kleiner Abstecher in das aufgelöste Kloster Mariaburghausen lohnt. Auch kann man noch am äußersten Rand Mainfrankens die Fachwerkstadt Königsberg in Bayern erkunden. Schöne Dorfkirchen gibt es auch noch im nahen Unter- und Obereuerheim zu sehen. Wer mainaufwärts weiterfährt, sollte in Zeil das Fotomuseum besichtigen.

UNTERHOHENRIED

Die katholische Kirche ist zu normalen Tageszeiten geöffnet. Die evangelische Kirche mit dem Laurentiusaltar ist außerhalb der Gottesdienstzeiten stets geschlossen. Im Schaukasten neben dem Eingang zur Kirche findet der Besucher jedoch die Adresse eines Anwohners, der die Kirche öffnet.

Zeiler Photo- und Filmmuseum: Schulring 2, 97475 Zeil; Öffnungszeiten: Sonntag 13 bis 16 Uhr; Eintritt 1,50 Euro, ermäßigt 0,50 Euro. Sonderöffnungen für Gruppen oder Führungen unter Tel. 09524 7460 oder per E-Mail (info@zeiler-fotomuseum.de).

Rechte Seite: Abendstimmung in Haßfurt, Blick durch das Bamberger Tor

Die Ritterkapelle in Haßfurt

Wo die Haßberge an den Main herantreten, liegt auf einer Bodenschwelle am Zusammenfluss von Nassach und Main Haßfurt, heute eine 8.000-Einwohner-Stadt, früher eine Amtsstadt des Hochstifts Würzburg. Die regelmäßige Anlage der Straßen in der Altstadt spricht für einen planmäßigen Ausbau der im Jahr 1230 erstmals erwähnten Stadt. Die Namen der Tore zeigen, dass die Hauptstraße zugleich eine der wichtigsten Verkehrsadern der Region war: Der Untere Turm nach Westen hin wird auch Würzburger Tor genannt, der Obere Turm nach Osten heißt auch Bamberger Tor.

Haßfurt war stets ein wichtiger Stützpunkt Würzburgs gegen den nahen Bamberger Bischof, den die Würzburger Fürstbischöfe stets eher als territorialen Konkurrenten im Nordosten des Hochstifts betrachteten, denn als christlichen Amtsbruder. Im nahen Ortsteil Augsfeld steht im Lindenhain noch ein alter Grenzstein zwischen den beiden Hochstiften von 1587, der auf der einen Seite das Bamberger, auf der anderen das Würzburger Wappen zeigt. So durfte sich die Stadt stets Förderung vom Würzburger Bischof erhoffen. Man sieht dies an der großzügigen Anlage. Selten stehen sich Kirche und Rathaus auf einem so großzügig bemessenen Platz in den sonst so beengten Städten gegenüber. Die Stadtpfarrkirche ist dem Würzburger Diözesanheiligen Kilian geweiht. Der spätgotische Bau stammt aus dem Jahr 1390. Das dreischiffige Langhaus zeigt basilikale Züge. Der moderne Hochaltar im Chor birgt Statuen der drei Frankenapostel Kilian, Kolonat und Totnan aus der Riemenschneiderwerkstatt um 1500. In den Seitenschiffen stehen ungefasste Holzfiguren des heiligen Johannes des Täufers und der Muttergottes mit dem Kind, die auch als die Haßfurter Madonna bekannt ist. Beide gelten als eigenhändige Arbeiten Riemenschneiders. Das Rathaus gegenüber der Stadtpfarrkirche stammt aus dem Jahr 1514. Der imposante dreigeschossige Satteldachbau hat schöne Fialengiebel aus Sandstein. Vom Rathaus führt die Brückenstraße durch das noch bestehende Maintor nach Süden zur Mainbrücke, wodurch die Stadt in vier regelmäßige Viertel unterteilt wurde. Die repräsentativen Bürgerhäuser, manche noch

Ritterkapelle in Haßfurt

mit Fachwerk, andere mit Treppengiebeln oder leicht barock oder klassizistisch verputzten Fassaden liegen alle an der Hauptstraße. Dort steht auch die ehemalige fürstbischöfliche Zehntscheuer. Das Wappen des Würzburger Fürstbischofs Lorenz von Bibra zeigt den Baubeginn um 1500. Gleich daneben liegt das fürstbischöfliche Amtshaus, ein dreigeschossiger Walmdachbau mit Portal und Freitreppe, das 1719 bis 1721 von Joseph Greising gebaut wurde und heute als Neues Rathaus dient.

Die größte Sehenswürdigkeit Haßfurts ist aber ohne jeden Zweifel die östlich der Altstadt, wenige Schritte vor dem Bamberger Tor gelegene Ritterkapelle. Sie gilt als einer der Höhepunkte der Gotik und als Denkmal von nationalem Rang. In den Jahren 2006 bis 2010 wurde sie mit dem gewaltigen Aufwand von vier Millionen Euro renoviert und erstrahlt seither innen und außen in einem hellen Weiß. Bereits bevor die Kapelle gebaut wurde, gab es an dieser Stelle wohl schon eine kleine Marienwallfahrt. Sie sollte um 1390 – zeitgleich mit dem Neubau der Pfarrkirche – durch eine größere Kapelle aufgewertet werden. Doch der Bau schien nicht recht voranzukommen. Da

verfiel der Haßfurter Pfarrer Johannes Ambundi (gest. 1424) auf die Idee, eine Ritterbruderschaft zu gründen, um die reichen Adeligen zur Mitfinanzierung der Kapelle zu bewegen. Im Gegenzug sollte die Kirche, die auch zu den ältesten Marienwallfahrtsorten des Bistums gehört, das neue spirituelle Zentrum der Rittergemeinschaft werden. Dass hinter dem frommen Trick auch handfeste politische Motive steckten, erschließt sich, wenn man weiß, dass Ambundi eigentlich nur im Nebenberuf Pfarrer von Haßfurt war. Dieses Amt übte er kaum persönlich aus und ließ sich wohl meist durch einen Vikar vertreten. Eigentlich war Ambundi Generalvikar des Würzburger Fürstbischofs Johann I. von Egloffstein (1400–1410). Als rechte Hand des Bischofs half er diesem bei der Umsetzung so manches Projekts, unter anderem der Gründung der ersten Würzburger Universität von 1402, wo Ambundi auch als Professor wirkte. Mit der Ritterbruderschaft sollten natürlich vor allem die Adelsgeschlechter in den Haßbergen und den Grenzregionen zu Bamberg enger an Würzburg gebunden werden.

Jedenfalls florierte der 1406 von Ambundi gemeinsam mit Ritter Dieter Fuchs von Wallberg gegründete Ritterbund bald. Zahlreiche fränkische Geschlechter, aber auch einige schwäbische traten ihm bei. Als Baumeister wurde Nikolaus von Schaffhausen gewonnen. Die Mittel genügten bald, um einen gewaltigen, hohen und lichten dreijochigen Chor zu bauen, der außen durch zehn schlanke Strebepfeiler gegliedert ist und dessen maßwerkgeschmückte Spitzbogenfenster viel Licht in das Innere lassen. 1431 wurde mit dem Langhaus begonnen; 1465 konnte die Kapelle geweiht werden.

Von grotesken Konsolen mit Drachen und Affen ziehen sich die schmalen Doppelrippen durch das Gewölbe. Sie münden an den Spitzen in Schlusssteine, die die Wappen der adeligen Ritterbrüder zeigen. Der Chor war ganz der adeligen Repräsentation vorbehalten. Hier traf man sich zur Liturgie. Hier lebte

Linke Seite, oben: Wappenfries am Chor der Ritterkapelle
Linke Seite, unten: Langhaus und Chor der Ritterkapelle

Figur eines Mannes im Gewölbe der Vorhalle

in zahlreichen prachtvollen Epitaphien das Andenken verstorbener Mitglieder fort. 14 Grabmäler ab dem 15. Jahrhundert sind noch erhalten. Das prachtvollste ist das des Ritters Hans von Schaumburg und seiner Gemahlin Anna. Er ließ sich in Lebensgröße als Ritter in voller Rüstung plastisch darstellen. Auch an der Außenseite taten sich die Mitglieder als Stifter hervor. So verewigte sich ein Stifterpaar unter dem Relief der Kreuzigung Christi am Südportal. Eine vollständige Reihe der adeligen Mitglieder der Bruderschaft zeigt der Wappenfries, der den Chor an der Außenseite komplett umgibt. 248 Wappen der Ritterbrüder meißelte der Baumeister hier in Stein. Sie stellen ein einzigartiges, steingewordenes Wappenbuch des fränkischen Adels dar. Viel einfacher gearbeitet ist dagegen das durch einen dreiteiligen Chorbogen abgetrennte Langhaus. Es stand den einfacheren, bürgerlichen und bäuerlichen Besuchern der Wallfahrtskirche offen. Hier war dann auch das alte Gnadenbild aufgestellt, das im Jahr 1600 durch ein neueres ersetzt wurde.

Die einfachen Kreuzgewölbe wurden erst zur Zeit Julius Echters um 1605 vollendet. Einige Modernisierungen überstand die Kirche ohne tiefere Eingriffe. 1853 gründete der Stuttgarter Architekt Carl Alexander Heideloff einen „Verein zu Restaurierung der Ritterkapelle". Tatsächlich plante er, die historischen Teile in einen gewaltigen neugotischen Dom zu integrieren. In

Rechte Seite: Gnadenbild

seiner Verehrung der Altdeutschen Romantik wäre dann wohl eine Mischung aus dem damals ebenfalls in Vollendung befindlichen Kölner Dom mit einer Art Neuschwanstein entstanden (in Lichtenstein hatte er bereits vorher ein „schwäbisches Neuschwanstein" gebaut). Geldmangel verhinderte den Umbau, sodass es glücklicherweise nur zu einer Neugestaltung der Westfassade, in die das alte Dreikönigstympanon eingefügt ist, und zu einigen neugotischen Ergänzungen an der Außenfassade kam. Heideloff starb 1865. Sein Grab befindet sich hinter der Kirche. Geht der heutige Besucher durch das Portal, sollte sich der Blick nicht sofort auf den imposanten Chorraum richten. Im Gewölbe der winzigen Vorhalle unter der Orgelempore tritt man unter einer überlebensgroßen Skulptur eines nahezu nackten Mannes hindurch, der seit Jahrhunderten athletisch seine Arme und Beine in die Gewölbeecken spreizt. Dies soll symbolisch für die Beständigkeit der vier Tugenden Mäßigkeit, Gerechtigkeit, Klugheit und Stärke stehen.

Hasenkonsole an der Südfassade

Haßfurt eröffnet mainaufwärts und mainabwärts viele weitere Ausflugsmöglichkeiten. In die Haßberge oder in die Rhön ist es nicht weit. Wer möchte, kann einen Vergleich zwischen der Ritterkapelle, die man vielleicht auch als „Haßberge-Dom" bezeichnen kann, mit der bürgerlichen Spielart vollendeter Spätgotik im „Steigerwald-Dom" in Gerolzhofen ziehen.

HASSFURT

Die Ritterkapelle ist zu normalen Tageszeiten geöffnet und frei zugänglich.

Das Zisterzienserinnenkloster Mariaburghausen

Am Südufer des Mains keine zwei Kilometer von Haßfurt, an der Straße nach Knetzgau, liegt das ehemalige Zisterzienserinnenkloster und heutige Hofgut Mariaburghausen. In einem Mainknie mit fruchtbaren Böden gegründet, strahlt es noch heute etwas von zisterziensischer Ruhe und Abgeschiedenheit aus und erinnert an mönchischen Landbau. Das Kloster liegt nämlich ohne umgebende dörfliche Siedlung als einzeln stehender geschlossener Gebäudekomplex inmitten der Agrarlandschaft. Der lange Kirchenbau und eine weitläufige, burgähnliche Ummauerung verweisen schon von Weitem auf klösterliche Strenge und Weltabgeschiedenheit, obwohl seit inzwischen über 430 Jahren keine Nonnen mehr vor Ort leben. Geblieben ist jedoch die wirtschaftliche Bedeutung des Klosters. Die alten Wirtschaftsgebäude werden noch genutzt. Ein Hofgut, das seit dem 16. Jahrhundert der Universität Würzburg gehört, ließ ohne moderne Zersiedelung den alten Klosterkomplex als geschlossene Anlage in einem nahezu unveränderten Zustand überleben. Denkt man sich nur ein paar moderne landwirtschaftliche Geräte weg und ein paar Nonnen hinzu, befindet man sich mitten in einem spätmittelalterlichen Klosterkomplex.

Mariaburghausen, oder Marburghausen, wie es bis um 1600 hieß, wurde 1237 durch die selige Jutta, die Stifterin und erste Äbtissin des Zisterzienserinnenklosters Heiligenthal bei Schwanfeld,

gegründet. Sie zog es zunächst in das abgeschiedene Kreuzthal zwischen Schweinfurt und Hofheim. Doch führten die ungünstigen Bedingungen schon 1243 zu einer Verlagerung an den heutigen Ort. Der Name der Erstgründung Vallis S. Crucis (Tal des heiligen Kreuzes, Kreuzthal) blieb jedoch noch lange an Mariaburghausen hängen. Der adelige Siboldo von Ezelnhausen stellte mit Einverständnis seines Lehnsherrn, des Bischofs von Würzburg, einen Teil seines Lehnsguts den Schwestern für den Klosterbau zur Verfügung. Die Hälfte des Ortes Marburghausen kam bald hinzu, sodass sich der junge Konvent bald von einer blühenden und ertragreichen Landwirtschaft umgeben sah. Die geistliche Aufsicht über die Nonnen wurde anfangs dem Abt des Zisterzienserklosters Bronnbach übertragen, ab der Mitte des 13. Jahrhunderts trat der Abt der näher gelegenen Zisterze Bildhausen an dessen Stelle.

Eine ganze Reihe päpstlicher Privilegien schützte die Gemeinschaft. Reliquien zogen bald viele Pilger an. Eine Feuersbrunst in der Zeit vor 1287 richtete zwar großen Schaden an, doch erlaubte der Reichtum den Zisterzienserinnen ein aufwendiges Neubauprogramm, das in seinen Grundzügen bis heute den Anblick der Klosteranlage prägt. Im Zentrum stand die nach dem Geschmack der Gotik und in Übereinstimmung mit den strengen Ordensregeln errichtete Kirche. Der lang-

gestreckte und hohe Bau ist in zwei Teile getrennt. Im östlichen Bereich stand die Kirche den Laien offen. Ein zweijochiges Schiff schließt hier mit einem Fünfachtelchor ab. Dort steht auch ein schönes Epitaph des Ritters Heinrich von Seinsheim aus dem Jahr 1345. Der westliche Teil gehörte den Nonnen. Er war zweigeschossig. Im Erdgeschoss befindet sich die Sepultur. Sie gehört zu den schönsten Beispielen in Reinform erhalten gebliebener zisterziensischer Architektur in Franken. Zwei Säulenreihen tragen das siebenjochige Gewölbe der dreischiffigen Anlage. Aus den schlanken Pfeilern wachsen ansatzlos die Kreuzrippen. Die Fenster an der Südseite lassen ein schräges Licht einfallen, das den hier begrabenen Nonnen und Äbtissinnen den Weg ins Jenseits zu weisen scheint. Der Raum strahlt eine Mischung aus Ernst und Würde eines Begräbnisortes und der heiteren Gewissheit christlicher Heilszuversicht aus. Im oberen Stockwerk befand sich die Nonnenempore. Von hier aus hörten die Nonnen dem Gottesdienst zu, ohne ihren Klausurbezirk verlassen und mit Laien – Männern gar – in Kontakt geraten zu müssen. Heute ist hier leider ein Speicherraum. Die auf Askese und Reinheit bedachten Statuten der Zisterzienser verbaten jeglichen Schmuck in den Kirchen des Ordens. Lediglich monochrome Zierelemente waren erlaubt. So wurden die Zisterzienser zu Meistern zweifarbiger Plattenbeläge oder ganz in Weiß und Grau gehaltener Glasmalerei.

Die Zisterzienserinnen in Mariaburghausen gingen nicht einmal so weit. Die Kirche erstrahlt ganz in zisterziensischer Reinheit. Lediglich das kleine Gewölbe unter der Nonnenempore ist mit einem blauen Himmel mit hellen Sternen ausgemalt. Vielleicht war dies auch die Farbgestaltung des Chors, von der sich aber nichts erhalten hat.

Der frühe Niedergang des Klosters ist heute das Glück des Besuchers. Gegen Ende des Mittelalters wichen die Nonnen immer mehr von den strengen Lebensformen ab. Klagen mehr-

Linke Seite, oben: Kreuzgratgewölbe der Sepultur
Linke Seite, links unten: Grabmal einer Äbtissin in der Sepultur
Linke Seite, rechts unten: Epitaph des Ritters Heinrich von Seinsheim im Chor

Kirche und Klosterscheune (rechte Seite); die frühe Aufhebung und die landwirtschaftliche Nutzung haben den mittelalterlichen Zustand Mariaburghausens eher bewahrt als zerstört

ten sich. Doch auch bischöfliche Visitationen und eine strenge, aus Heiligenthal abgeordnete Äbtissin konnten die Verhältnisse nicht bessern. Bauernkrieg und Reformation brachten weitere Rückschläge, sodass im Jahr 1543 die Äbtissin Ursula von Rotenstein ganz alleine die große Anlage bewohnte. 1582 zog schließlich Fürstbischof Julius Echter die Konsequenz und hob das Kloster auf. Im selben Jahr gründete er auch die Würzbur-

ger Universität und so ergab sich der günstige Umstand, dass er zur Finanzierung seiner Gründung den ganzen Klosterbesitz überschreiben konnte. Das war nicht wenig. Aus dem großen Klostergut in Mariaburghausen, einem Hof in Kreuzthal, Wald, Jagdpacht, Schafzucht und Abgaben aus 30 Ortschaften wurden nun die Würzburger Professoren bezahlt. Noch heute gehört das ganze ehemalige Kloster samt Ländereien im Umfang von 286 Hektar der Universität Würzburg. Getreide, Zuckerrüben, Mais, Raps und Sonnenblumen werden mittlerweile seit über 125 Jahren von derselben Pächterfamilie angebaut.

Betritt der Besucher heute die rundum mit den alten Klostermauern umschlossene Anlage, sieht er das landwirtschaftliche Gerät eines modernen Großbetriebs im alten Klosterhof. Der lange, noch aus der späten Echterzeit stammende Trakt nördlich der Kirche dient als Lager. Dahinter erheben sich Silos. Das eindrucksvollste unter den Wirtschaftsgebäuden ist eine gewaltige Scheune. Die dicken Mauern mit ihren wuchtigen Stützpfeilern und der enormen Dachfläche dürften wenigstens in das 16. Jahrhundert zurückgehen, in einigen Teilen vielleicht sogar noch älter sein. So sah die Scheune eines großen Landguts im Mittelalter aus.

Auch wenn Kreuzgang und Konventsbau des Klosters abgebrochen wurden, so haben doch die Aufhebung im 16. Jahrhundert und die kontinuierliche Nutzung als Landgut dazu geführt, dass die wesentlichen Strukturen eines mittelalterlichen Klosters hier noch leicht nacherlebbar sind. Keine barocke Bauwut riss alles Alte nieder, kein Konventsbau musste in einen repräsentativen Klosterpalast verwandelt werden. Vor allem die Kirche blieb vor jedem weiteren Eingriff verschont. Lediglich ein barocker Hochaltar wurde in den Chor gestellt, um gelegentlich noch Gottesdienste abhalten zu können. Doch er stört den Eindruck zisterziensischer Architektur nicht wesentlich.

Weitere Beispiele herausragender gotischer Architektur finden sich (neben Haßfurt) im nahe gelegenen Gerolzhofen. Wer sehen möchte, was barocke Umgestaltung bei einer geschlossenen Klosteranlage ausmacht, dem sei ein Besuch im ehemaligen Prämonstratenserkloster Oberzell oder im Zisterzienserkloster Bildhausen empfohlen. Ähnliches lässt sich im wenige Kilometer mainabwärts gelegenen Obertheres beobachten. Dort hat die Umfassungsmauer des ehemaligen Klosters sogar Befestigungscharakter. Den beiden letztgenannten Klöstern sind allerdings nach der Säkularisation die Kirchen abhandengekommen.

Mariaburghausen

Die ehemaligen Wirtschaftsgebäude sind nicht zu besichtigen. Die Klosterkirche untersteht heute der katholischen Pfarrei in Haßfurt und wird nur noch selten für Gottesdienste genutzt. Sie ist stets verschlossen. Besucher können jedoch im Pfarramt St. Kilian (Pfarrgasse 8, 97437 Haßfurt, Tel. 09521 1484) nach Voranmeldung und Hinterlegung des Personalausweises den Schlüssel zu Kirche erhalten.

Rechte Seite: Die Stufenlinde auf dem Grettstadter Dorfplatz, dahinter die barocke Fassade von St. Peter und Paul

Der Grettstadter Dorfplatz

Grettstadt besitzt einen der schönsten Dorfplätze Mainfrankens. Seine Mitte nimmt eine kunstvoll in Pyramidenform geschnittene Linde ein, die vielleicht zum Bau des Rathauses 1590, vielleicht sogar noch früher gepflanzt wurde. Um die schweren, weit ausladenden Äste abzustützen, erhielt der Platz unter dem Baum 1752 einen Kranz von zwölf steinernen Säulen. Sie tragen Schwellen, auf denen sich die Äste abstützen. In mehreren Etagen ziehen sich weitere Stützbalken und Schwellenkränze bis unter die Krone. Hier spielte sich das dörfliche Leben ab. Die Linde war Versammlungsplatz, Nachrichtenbörse und Schauplatz von Kirchweihtanz, Besprechungen und vielleicht auch Gerichtssitzungen. Doch was wäre der Dorfplatz ohne Kirche und Rathaus?

Gleich hinter der Linde erhebt sich die Fassade der Pfarrkirche St. Peter und Paul. Ursprünglich war es eine gotische Kirche mit einer Gadenanlage. Davon blieb aber nur der Turm, als der Würzburger Hofarchitekt Johann Michael Fischer (1717 – 1801) in den Jahren von 1766 bis 1769 das Langhaus vollkommen neu errichtete. Die Barockisierung fand ihren krönenden Abschluss in den Rokoko-Altären und der Kanzel des Hofbildhauers Johann Peter Wagner. Selten wird man in einer dörflichen Kirche ein derart harmonisches Zusammenspiel von Architektur und Ausstattung sehen. Der Hochaltar fügt sich perfekt in den erhaltenen gotischen Chor ein. Der Chorbogen wurde mit Säulen im Halbprofil eingerahmt; ihn umstehen halbkreisförmig die Seitenaltäre. Die ganz in Weiß gehaltenen Heiligenfiguren vor einem Hintergrund aus Marmor und vergoldetem Schnitzwerk betonen eine einheitliche horizontale Linie der Altäre. Betritt man die Kirche, scheinen alle Figuren nebeneinander aufgereiht zu stehen. Auch die Kanzel mit ihren Putti und vergoldeten Schnitzereien fügt sich perfekt in Stil und Linie der Altäre ein. Erst beim Nähertreten bemerkt man, dass alle Figuren zu unterschiedlichen Altären gehören.

Rechte Seite, oben: Rathaus
Rechte Seite, links unten: Pfarrkirche St. Peter und Paul
Rechte Seite, rechts unten: Gotische Sakristeitür

Figurenpanorama von Haupt- und Seitenaltären

Ein Rundgang in der Kirche offenbart noch weitere Besonderheiten. Neben dem Hauptaltar führt eine altertümliche Pforte zur Sakristei. Mit einem kleinen Spitzbogen, kräftigen alten Holzbohlen und geschmiedeten Türbändern ist sie noch ein Relikt des gotischen Vorgängerbaus. Auf der linken Seite des Langhauses ist das steinerne Sakramentshäuschen aus der Vorgängerkirche zu sehen. Im Giebelfeld halten zwei Engel das Schweißtuch Christi. Dasselbe Motiv benutzt auch das Feld über dem Abschlussgesims. Davor steht ein noch älteres Relikt. 1930 fand man im Pfarrhof Reste eines romanischen Taufbeckens mit einem profilierten Bogenfries, das wohl noch vom Vorvorgängerbau stammte und heute wieder in die Kirche zurückgekehrt ist. Es passt wunderbar zum eigentlich viel jüngeren Kirchenschiff, dessen starke Mauern, niedrige Seitenschiffe und rundbogige Durchgänge eher auf Romanik als auf Barock schließen lassen. Außerdem ist St. Peter und Paul auch ein gelungenes Beispiel für eine dezente und stimmige Modernisierung einer Kirche. In der erst 2012 abgeschlossenen Modernisierung wurde das vorher unsichtbar hinter dem Altar angebrachte Sakramentshaus wieder in das liturgische Geschehen gerückt. Die Sakramentsöffnung wurde mit einem Gitter versehen, hinter dem der Besucher das findet, was recht eigentlich eine katholische Kirche ausmacht: Jede Kirche gehört dem Heiligen, dem sie geweiht ist. Und zu jeder Kirche gehören auch die Reliquien des Kirchenheiligen, damit er stets in der Mitte der Gläubigen ist. In der Grettstadter Kirche sind die sonst unsichtbar im Altar verborgenen Reliquien öffentlich gemacht worden. In einem Glaszylinder hinter den Gittern des

Sakramentshauses kann nun jeder die winzigen Knochenfragmente der Apostelfürsten Petrus und Paulus ansehen, die ihre schützenden Hände über die Kirche halten. Auch die neu gestalteten Seitenaltäre und liturgischen Geräte sind sehenswert. Filigrane Schmiedearbeiten aus rostendem Cortenstahl mit Vergoldung nehmen gleichermaßen die klaren Linien und die Farbigkeit des barocken Kirchenraums auf und stehen für Vergänglichkeit des Irdischen und die Dauer des jenseitigen Lebens. Steht der Besucher vor dem vergoldeten Metallbecken des romanischen Taufsteins, so kann er darin das Spiegelbild des ganzen Kirchenraumes erblicken. Das Konzept zur Modernisierung stammt vom Leiter des Bau- und Kunstreferats der Diözese Würzburg, Jürgen Lenssen. Pläne, Zeichnungen und Umsetzung stammen vom Wernecker Architekturbüro Benedikt Gerber. Die Schmiedearbeiten besorgte die Würzburger Kunstschmiede Sauer.

Fachwerkzier im Inneren des Grettstadter Rathauses

Neben Linde und Kirche macht vor allem das Rathaus Grettstadt zu einem sehenswerten Ziel. Es stammt aus dem Jahr 1590 und zählt zu den schönsten fränkischen Rathäusern. Spätgotik und Frührenaissance treffen sich in den architektonischen Elementen einer überdachten Freitreppe, die zu einem erkerartigen Eingang im ersten Stock führt. Die beiden Fassaden gehören der Renaissance an, das steinerne Maßwerk der Treppe und die reiche Fachwerkzier noch der Gotik. Im Inneren herrscht nach sorgsamer Restaurierung in den letzten Jahren fränkisches Fachwerk mit hellen Wänden und kräftig roten Balken vor. Früher wurde für diese Farbe Ochsenblut benutzt. Träger aus Eiche, Balkendecken und vorgelagerte Holzsäulen ergeben ein stimmiges Bild. Geräumige Dielen und Nebenräume nehmen heute neben der Verwaltung auch einen Bürgersaal und die Volkshochschule auf.

Früher gab es sogar einmal eine Heilquelle in Grettstadt. Sie wurde 1921 entdeckt, als der Grettstadter Mechaniker Franz Burkart in seinem Garten einen Brunnen bohrte. Das Wasser bekam den Pflanzen nicht und so blieb der Brunnen zunächst verschlossen. Erst 1933 wurde durch einen Zufall die Heilkraft des Wassers bei Nieren-, Darm- und Blasenleiden nachgewiesen, als Burkart das liegen gebliebene Motorrad des Schweinfurter Chemikers Emil Schiller wieder flott machte, dabei von dem nutzlosen Brunnen erzählte und Schiller eine Analyse des Wassers vornahm. Der Aufstieg zu einem Heilbad gelang Grettstadt allerdings nicht. Nach einigen Jahrzehnten erfolgreichen Vertriebs wird das Heilwasser der Grettstadter Burkardsquelle heute leider nicht mehr gefördert.

Der Besuch von Kirche, Rathaus und Dorflinde lässt sich durch einen Spaziergang zu den Grettstädter Wiesen abschließen. Das Biotop aus steppenartigen Lebensräumen mit feuchten Niedermoorwiesen liegt etwa 2 km westlich des Ortskerns zwischen den beiden Verbindungsstraßen nach Schwebheim und Unterspießheim und ist zu Fuß auch leicht durch Bahnhofstraße und die Verlängerung der Raiffeisenstraße zu erwandern. In der Nähe bietet sich dann noch der Vergleich zum Biotop der 4 km südöstlich gelegenen Sulzheimer Gipshügel an. Eine weitere Stufenlinde steht 5 km weiter östlich in Obereuerheim, wo es auch eine sehenswerte Kirche und ein ehemaliges Bibra-Schloss gibt. Sie muss allerdings noch ein paar Hundert Jahre wachsen, bis sie das Format der Grettstadter erreicht.

GRETTSTADT

Die Kirche ist zu normalen Tageszeiten geöffnet. An Werktagen kann während der Geschäftszeiten auch das Rathaus frei besichtigt werden.

Rechte Seite: Deckenfresko „Die Seeschlacht von Lepanto"

Die Wallfahrtskirche
Maria Sondheim in Arnstein

Im Tal der Wern liegt am nördlichen Rand des Maindreiecks bei Arnstein eine der zahlreichen Marienwallfahrtskirchen Mainfrankens. Zu den bekanntesten zählt Maria Sondheim dabei nicht, doch rechtfertigen Lage und Besonderheiten der Kirche einen Besuch: Wo sonst findet man eine Kirche, deren Seiten komplett flankiert sind mit Epitaphien einer einzelnen Adelsfamilie aus über zwei Jahrhunderten? Und in welcher Kirche prangt ein gewaltiges barockes Deckenfresko, das einmal nicht Heilige oder Figuren aus der Bibel verherrlicht, sondern – weit entfernt von jeder Küste – eine Seeschlacht zeigt?

Umgeben von einem großen Friedhof liegt die Kirche am der Stadt abgewandten Ufer der Wern zwischen Wohnbezirken und Flussauen. Schon von außen zeigt der spätgotische Bau einige Besonderheiten: Der etwas zu kurz geratene, dachreiterartige Turm erweckt Anklänge an eine Bettelordenskirche. Tatsächlich geht die Kirche auf eine Beghinenansiedlung des 13. Jahrhunderts zurück. Doch liegt der Grund für den etwas unregelmäßigen Bau eher in seiner langen Bauzeit von der Mitte des 15. Jahrhunderts bis gegen Ende des 16. Jahrhunderts. Mehrfach stockte der Bau, die Pläne wurden geändert und dabei Altes mit Neuem verbunden. Über dem Südportal verweist eine maßwerkgeschmückte Plattform auf mittelalterliche Wallfahrtsbräuche. Von hier aus wurden den Wallfahrern die Heiltümer und Reliquien der Kirche gezeigt. Schon beim Gang um die Kirche ist einiges zu entdecken: Kreuzwegstationen, eine Ölberggruppe des 15. Jahrhunderts, ein gotischer Bildstock des 15. Jahrhunderts und an der Außenwand aufgestellte Grabmale von Bürgern und Amtsleuten.

Das Innere der Kirche bietet einen ungewöhnlichen Kontrast aus gotischer Hallenkirche und spätrenaissancehaftem Raumeindruck. Die Gewölberippen im Chor, zwei schlanke Pfeiler des Chorbogens und die eingewölbten Seitenkapellen

Rechte Seite, oben: Maria Sondheim, auf dem kleinen Balkon wurden den Wallfahrern die Heiltümer und Reliquien gewiesen
Rechte Seite, unten: Das Kircheninnere

gehören zum ursprünglichen Plan einer gotischen Kirche mit überhöhtem Mittelschiff. Statt gotischer Wölbung schließt eine großflächige Flachdecke den Raum ab, die kurz nach 1600 unter Fürstbischof Julius Echter eingezogen wurde. Sie hängt nicht an Tragebalken, sondern stützt sich auf einen gewaltigen Längsträger, der das Deckenfresko in der Mitte durchschneidet. Es muss für den Maler eine nicht geringe Herausforderung gewesen sein, um die Kehlung des Balkens herum die perspektivischen Verzerrungen in den Griff zu bekommen. Johann Philipp Rudolph fertigte es 1770 an. „Die Seeschlacht von Lepanto“ ist sein einziges größeres Werk. Auf den ersten Blick möchte man glauben, es solle an einen fränkischen Schlachtteilnehmer erinnern, vielleicht an einen der Herren von Hutten, die Ort und Kirche im 15. und 16. Jahrhundert so nachdrücklich förderten.

Doch ist die Verbindung eine ganz andere. In der zweiten Hälfte des 18. Jahrhunderts erlebte das Bruderschaftswesen einen neuen Aufschwung. Auch die Arnsteiner Rosenkranzbruderschaft, die ihren Sitz in der Wallfahrtskirche hatte, wurde durch den Würzburger Fürstbischof Adam Friedrich von Seinsheim (1755 – 1779) gefördert. Der Vollender der Würzburger Residenz stärkte auch das Wallfahrtswesen im Bistum. 1770 suchte die Bruderschaft nach einem Motiv, um die Kirche aufzuwerten. Die Wahl fiel nur deshalb auf die Seeschlacht von Lepanto, weil gerade deren 200. Jahrestag anstand. Am 7. Oktober 1571 hatte die Heilige Liga unter Don Juan de Austria am Golf von Patras die osmanische Flotte des Ali Pascha vernichtend geschlagen. Während der Schlacht hatte Papst Pius V. (1566 – 1572) auf einer Prozession den Rosenkranz beten lassen. Den Sieg schrieb man dem Eingreifen Marias zu, und zwei Jahre später führte die katholische Kirche zum Dank für den Sieg das heute noch in Arnstein begangene Rosenkranzfest ein. Dies stellte die Verbindung zur Marienwallfahrt her und so zierte schließlich ein gewaltiges Panorama einer Seeschlacht, in der Maria über einem Flottengetümmel thront und aus der Wolke zu ihren Füßen ein Blitz in die osmanische Feldherrengaleere einschlägt, die kleine Wallfahrtskirche an der Wern.

Noch beeindruckender als das Fresko sind die seit einer Renovierung am Ende des 19. Jahrhunderts an den Seitenwänden aufgestellten Epitaphien der Familie Hutten. Das weitverzweigte Adelsgeschlecht hatte seit 1350 die Stadtherrschaft als Pfand erworben. Die Hutten förderten die Kirche und blieben auch nach der Pfandeinlösung 1489 eine der Stützen würzburgischer Territorialherrschaft zwischen den konkurrierenden Grafengeschlechtern der Rienecker und Henneberger. Die Hutten hinterließen tiefe Spuren in der Geschichte der Stadt und wählten sich in seltener Geschlossenheit Maria Sondheim als Familiengrablege. Ihre Epitaphien gestatten einen Spaziergang durch die Stil- und Kunstgeschichte des ganzen 15. und 16. Jahrhunderts. Sie geben dem ganzen Raum eine besondere Würde und künden vom Wirken einer fränkischen Adelsdynastie. Spätmittelalterliche Ritter im Harnisch stehen neben adeligen Amtmännern, Abenteurer neben Stiftsdamen. Besonders beeindrucken das gewaltige und reich ausgestattete Renaissanceepitaph des Stephan Zobel von Giebelstadt (gest. 1597) mit den Stifterfiguren in Vollplastik auf einem vorgelagerten Gesims oder die Grabplatte des Philipp von Hutten (gest. 1546). Er starb fern der Heimat in Venezuela als Konquistador auf der Suche nach dem Goldland El Dorado im Dienst der

Epitaph des Philipp von Hutten

Augsburger Handelsgesellschaft der Welser. Erst vor wenigen Jahren wurden seine Briefe aus der neuen Welt wiederentdeckt. Das polierte Kalksteinrelief zeigt seinen Tod am Orinoko wie einen antikisierten Kampf zwischen kultivierten Seefahrern und nackten Barbaren – tatsächlich wurde er von seinem Gegenspieler Juan de Carvajal ermordet. In der Kathedrale von Coro und in der lutherischen Auferstehungskirche in Caracas hängen seit einigen Jahren Kopien des Arnsteiner Denkmals. Auch ein anderer Hutten fiel einem Mord zum Opfer: Herzog Ulrich von Württemberg (1498 – 1550) erschlug 1515 Hans von Hutten, da er auf seine schöne Gemahlin Ursula erpicht war. Sein Grabmal mit der anklagenden Inschrift „... durch Herzog Ulrich von Württemberg unschuldig entleibt“ befindet sich an der Nordseite zum Chor hin. Eines der bescheideneren Grabmale zählt vielleicht zu den ansprechendsten: An der Südwand unter der Empore steht das Epitaph der 1451 gestorbenen Elisabeth von Hutten, geb. Sickingen. Ganz im Flachrelief gearbeitet bietet sie das Bild einer frommen, adeligen Dame; nur die Gesichtszüge sind tief in den Stein eingearbeitet. Wie aus einem Fenster aus einer anderen Zeit sieht sie den Betrachter mit strenger Würde an.

Wer noch Zeit hat, sollte durch Arnstein wandern. Auch das Hutten'sche Spital mit seiner Hauskapelle im Stil des ausgehenden Rokoko, die Stadtpfarrkirche St. Nikolaus mit historistischen Stilelementen oder das Amtsschloss belegen die prägende Kraft der Familie Hutten in der fränkischen Amtsstadt. Daneben gibt es einen von der Kirche aus gut zu erreichenden Naturbadesee mit einer sorgsam bepflanzten Freizeitanlage sowie einen Wanderlehrpfad mit Rosengarten und einen kleinen botanischen Garten am Balleswäldchen. Auch die nähere Umgebung ist reizvoll und es empfiehlt sich, An- und Abfahrt besonders zu genießen. Von Würzburg bringt

Linke Seite: Epitaphien von Mitgliedern der Familie Hutten an den Seitenwänden des Kirchenschiffs

man die vierspurige B 19 am besten schnell hinter sich. Bei Bergtheim gehen die sanften Hügel des Maintals in eine Hochfläche über, deren riesige, scheinbar bis zum Horizont reichenden Ackerfluren seit der Flurbereinigung die alten fränkischen Streifenäcker abgelöst haben. Um Unterpleichfeld erstrecken sich Krautäcker, die das halbe Land mit Sauerkraut versorgen. Bei der alteingesessenen Konservenfabrik Bötsch in der Hauptstraße 2 kann man übrigens jederzeit klingeln und frisches Kraut aus der laufenden Produktion abgepackt mitnehmen. Weiter geht es durch typisch fränkische Straßendörfer bis Eßleben; dann fährt man über Gänheim bis Arnstein durch das Tal der Wern. Ab hier lohnt es, langsam zu fahren, den Blick über das kleine Flüsschen und die Talauen schweifen zu lassen. Die Strecke eignet sich auch für Radwanderer. In Arnstein selbst biegt man Richtung Büchold/Hammelburg ab, um kurz vorm Ortsausgang einen recht bescheidenen Wegweiser zur Wallfahrtskirche zu finden. Nach Stadt und Kirche kann man weiter durch das abgeschiedene und reizvolle Tal der Wern in Richtung Karlstadt fahren oder nach Hammelburg abbiegen. Eine noch schönere Route bietet aber ein kleiner Umweg über Büchold nach Obersfeld, wo man auf den Aschbach trifft. Hier reihen sich winzige Dörfer in Auenlandschaft wie Hundsbach oder Bühler, wo der Aschbach zu einer kleinen Folge von Fischteichen aufgestaut wird; über Münster und Aschfeld erreicht man schließlich dem Flusslauf und einer sanft geschwungenen Landstraße folgend mit der Homburg bei Gössenheim ein weiteres lohnenswertes Ziel.

MARIA SONDHEIM

Die Wallfahrtskirche liegt in der Stadt Arnstein und ist ganzjährig geöffnet. Die noch immer existierende Wallfahrtstradition hat ihren Höhepunkt im Rosenkranzmonat Oktober mit dem Rosenkranzfest. Informationen zu Führungen und Veranstaltungen in der Stadt sind beim Arnsteiner Touristik-Beauftragten unter Tel. 09363 80116 zu erhalten.

Rechte Seite: Biotop in einem aufgelassenen Gipssteinbruch bei Sulzheim

Die Gipslandschaft bei Sulzheim

Zweihundert Millionen Jahre alt sind die Gipshügel bei Sulzheim. Das fein geschichtete Gestein, das in der Oberen Trias aus den Ablagerungen eines flachen Meeres in bis zu zehn Metern Stärke entstand, ist zugleich ein Archiv der Erdgeschichte. In Franken kommt das „geruchlose Salz der Schwefelsäure", wie es die Chemiker nennen, recht häufig vor. Vom Westrand der Haßberge und des Steigerwaldes bis Bad Windsheim im Süden zieht sich das Vorkommen. In Sulzheim findet man den Gips kurz unter der Erdoberfläche. So entstand eine mittlerweile jahrhundertealte Tradition der Gipsverarbeitung. Obertägig wurde in kleinen Gruben das Gestein gebrochen. Aus den größeren Brocken wurde Baumaterial gewonnen. Nicht wenige Häuser und Scheunen in Sulzheim bestehen ganz aus Gips. Die kleineren Brocken kamen in die Mühle und wurden zu jenem feinen Pulver vermahlen, das jedem Heimwerker vertraut ist. Erst im 20. Jahrhundert begann der großflächige industrielle Abbau. Die von Weitem sichtbaren Türme des Gipswerkes bilden die markantesten Erhebungen des Ortes.

Doch die Landschaft ist keineswegs leblose Bergbauwüste – ganz im Gegenteil! Auswaschung durch Regen und Grundwasser ließen eine faszinierende Karstlandschaft entstehen. Kleine Hügel, Klüfte und Höhlen sieht man überall. Das schnell abfließende Wasser hinterließ eine dünne und trockene Erdkrume, die einen besonderen Lebensraum für seltene Tier- und Pflanzenarten bildet. „Steppenreplikatpflanzen" oder „Magerrasenflora" nennen Botaniker jene Trockenheitsspezialisten, wie sie vermutlich ganz Mitteleuropa nach dem Ende der letzten Eiszeit prägten. Besonders dort, wo aufgelassene Abbaugruben renaturiert wurden, bildete sich eine von Steilwänden eingerahmte Tümpellandschaft mit Flachwasserzonen in den ehemaligen Abbruchsohlen, in der zwischen Röhrichten und Wasserpflanzen Schwanz- und Froschlurche, Unken, Kröten oder rar gewordene Insektenarten leben.

Eine Einführung in Herkunft, Bedeutung, Abbau, Anwendung und in die Entstehung der Sulzheimer Gipshügellandschaft bietet das Sulzheimer Gipsinformationszentrum. Es be-

Fein gemaserte Gipsbrocken mit den Spuren der Meeresablagerungen

findet sich im Ortskern, in einer ehemaligen Zehntscheune des Klosters Ebrach aus den Jahren 1674 bis 1676, die natürlich aus Gips gebaut wurde. Im Freigelände davor wurde aus 100 Tonnen Gips ein Gipshügel nachgebildet. Tafeln eines Pflanzgartens erläutern die spezielle Vegetation. Ein Kletterfelsen und historisches Abbaugerät sind ebenfalls frei zugänglich.

Doch einen wirklichen Eindruck vom Naturraum der Karstlandschaft und dem Kulturraum der Gipsabbautradition erhält man nur, wenn man sich etwa zwei Stunden Zeit für einen gut ausgeschilderten Rundweg von ca. sieben Kilometern nimmt. Er führt vom Gipszentrum zunächst am Gipswerk und einem alten Gräberfeld vorbei, in dem Überreste der Merowingerzeit gefunden wurden. Weiter geht es durch aufgelassene und renaturierte Steinbrüche. Informationstafeln veranschaulichen die Tier- und Pflanzenwelt. Auch einen „Ponor", in dem das Wasser des Karstgebietes versickert, bekommt der Wanderer zu sehen. Über die gegenwärtigen Abbauflächen (Achtung: große Maschinen, gelegentliche Sprengarbeiten – und viel feiner Gipsstaub an den Schuhen!) geht es weiter zu den kleinen

Gipshügeln des Naturschutzgebietes Unkenmühle. Dort zeigt sich die kleine und hügelige Karstlandschaft mit einem besonderen Artenreichtum. In der Unkenmühle (die natürlich von einem Froschbach angetrieben wurde) wurde noch bis in das letzte Jahrhundert Gips gemahlen und gebrannt. Zurück geht es schließlich am Schloss – einer großen dreiflügeligen Anlage, an der Johann Dientzenhofer, Balthasar Neumann und Joseph Greising mitwirkten – vorbei ins Dorf, wo man sich den Gipsstaub mit einem guten Schoppen aus der Kehle spülen kann. Im Landgasthof Goldener Adler (Otto-Drescher-Straße 12) gibt es Fränkisches und einheimische Weine. Stets begleitet den Wanderer übrigens ein kleiner gemalter Nothosaurus namens „Gipsi". Das echte Tier – das einzige in Gips versteinerte Exemplar – wurde 1960 gefunden. Die Arbeiter sollen es zunächst für „a versteinerte Antn" (Ente) gehalten haben.

Wer noch ein weiteres Naturschutzgebiet erwandern möchte, kann noch ca. 4 km nordwestlich die Grettstädter Wiesen besuchen. Das Niedermoor ist ebenfalls berühmt für seine Flora. Auch wenn durch die intensivierte Landwirtschaft bereits große Teile des „Grettstädter Replikatgebietes" trockengelegt und zu Ackerland umgeformt wurden, gibt es noch immer ca. 2 ha, auf denen Lungenenzian wächst und die Große Goldschrecke wohnt.

SULZHEIM

Gipsinformationszentrum: Zehntstraße 19, 97529 Sulzheim; Öffnungszeiten: April bis Oktober, Sonn-und Feiertage 14 bis 17 Uhr; Eintritt 1,50 Euro, ermäßigt 0,50 Euro. Das Außengelände und auch der Rundwanderweg sind jederzeit frei zugänglich. Weitere Informationen und Vereinbarung von Sonderführungen bei der Tourist-Information Gerolzhofen (Tel. 09382 903512, E-Mail: info@gerolzhofen.info). Über Sonderveranstaltungen und weitere Aktivitäten informiert auch www.giz-sulzheim.de.

Rechte Seite: Statue eines mittelalterlichen Jakobspilgers

Gerolzhofen

Gerolzhofen liegt ein wenig abseits der großen Verkehrsströme Mainfrankens, und so präsentiert sich die Stadt heute als recht unverdorbene fränkische Kleinstadt, wo der Besucher von Touristenmassen mit Sicherheit verschont bleibt. Dabei gibt es hier einige Kostbarkeiten der Gotik zu bestaunen, die mehr Aufmerksamkeit verdient hätten. Die Stadt hat ihren Ursprung bereits im ausgehenden 8. Jahrhundert, als ein „Hof des Gerold im Volkfeldgau" („Geroldeshove in Folcfelden") zum ersten Mal in einer Schenkung an das Kloster Fulda erwähnt wurde. Der Name blieb bis heute. Die Lage an der mittelalterlichen Handelsstraße von Schweinfurt nach Iphofen, die Gerolzhofen von Nordwest nach Südost durchquerte und den Main mit dem Steigerwald verband, trug zum Aufstieg der Stadt bei. Seit 1350 ist Gerolzhofen Stadt. Den Aufstieg zur Freien Reichsstadt verhinderte die Niederlage des fränkischen Städtebundes im Jahr 1400 in der Schlacht bei Bergtheim. So blieb Gerolzhofen eine bischöflich-würzburgische Amtsstadt bis zum Ende des Alten Reiches. Im Zweiten Weltkrieg blieb Gerolzhofen von Zerstörungen verschont. Das ist vor allem dem Gerolzhöfer Frauenaufstand vom 6. April 1945 zu verdanken. Mutige Frauen hissten am Rathaus die weiße Fahne, wodurch die Stadt kampflos übergeben werden konnte. Den bis heute nicht verwundenen Verlust des Ranges einer Kreisstadt in der Gebietsreform von 1972 versuchte man 1978 mit der Gründung der größten Verwaltungsgemeinschaft in Bayern zu kompensieren. Seither werden von hier aus die Stadt und acht weitere Gemeinden mit 29 Orten und insgesamt 16.000 Einwohnern verwaltet.

Von der mittelalterlichen Bausubstanz ist noch viel übrig. Die Stadt besitzt noch einen weitgehend erhaltenen doppelten Mauerring, der Graben dazwischen konnte im Verteidigungsfall sogar geflutet werden. Im quadratischen Eulen- oder Hexenturm saßen einst die der Zauberei Angeklagten ein. In der Zeit der Gegenreformation und des Dreißigjährigen Kriegs war die Stadt ein Zentrum des Hexenwahns. Mehrere Hundert Frauen und Männer wurden verbrannt, starben unter der Folter oder im Gefängnis. Nicht weit davon entfernt, befindet sich die

Altes Rathaus in Gerolzhofen, im Hintergrund der Weiße Turm

Alte Vogtei, ein mehrstöckiger Renaissancebau mit angebautem Treppenturm und Volutengiebel, der um 1600 von Fürstbischof Julius Echter gebaut wurde. Hier residierte der bischöfliche Stadtvogt. Gelegentlich bezogen die Würzburger Bischöfe hier ihr Sommerquartier. In Sichtweite vom Hexenturm stand 350 Meter weit entfernt am anderen Ende der Stadt der über 20 Meter hohe, runde Weiße Turm. Auch er diente als Gefängnis. Der Zugang lag im Norden in über fünf Meter Höhe. Die Abgaben aus dem Amt Gerolzhofen liefen in einem weiteren, mächtigen dreigeschossigen Renaissancebau der Echter-Zeit zusammen, dem Oberamtshaus in der Mitte der Stadt, das heute als Rathaus dient. Es gibt viele alte Fachwerkhäuser zu sehen: den Weißen Hof mit einer wehrgangähnlichen Überdachung seines Doppelportals, in dem der Amtmann wohnte; das Fachwerkhaus Teutsch von 1566 besitzt verziertes Fachwerk und ein Erkertürmchen. Der Echterhof hat einen Sechseck-Turm und Treppengiebel. Auch die Bürgerhäuser zeigen noch viele alte Fassaden, Hausschmuck oder schöne Toranlagen. Und es ist sogar recht schön, dass hier noch nicht alles für das Touristenauge herausgeputzt und dabei totrenoviert wurde

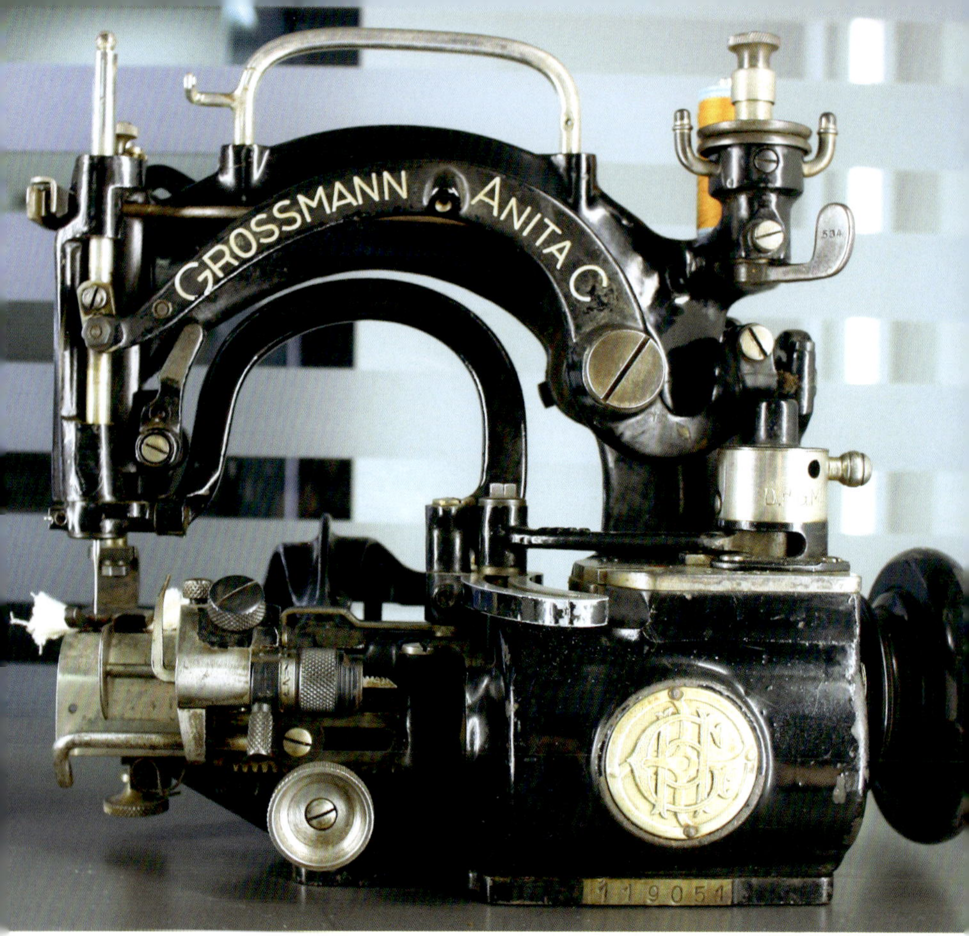
GROSSMANN ANITA C
119051

Das Prunkstück Gerolzhofens ist jedoch der großzügige Marktplatz mit der Stadtpfarrkirche, der Friedhofskapelle und dem Rathaus. Hier konzentriert sich der älteste innerstädtische Baubestand, der die Wirren des Dreißigjährigen Kriegs und des hier besonders hart ausgetragenen Bauernkriegs unbeschadet überstand. Das spätgotische Rathaus ist ein markanter dreigeschossiger Bau mit Treppengiebeln. Im Süden dahinter schließt sich ein „Küchenbau" an, der 1585 für die „Gerichts- und Festschmäuse" der Ratsherren errichtet wurde. Das großzügige Erdgeschoss des Rathauses diente einst als Markthalle. Heute richtet die Stadt hier ihre Empfänge aus und der Besucher findet eine gut bestückte Information vor. Zugleich dient der Raum als Eingang zum Stadtmuseum, das man sich nicht entgehen lassen sollte. Den ganzen ersten Stock nimmt eine Dauerausstellung „Welterfolg Nähmaschine – vom armen Schneiderlein zur Kleiderfabrik" ein. In moderner Präsentation gibt es hier sauber recherchierte Informationen zur Geschichte von Kleidung und Kleidungsherstellung. In Gerolzhofen gab es ebenfalls einige Textilfabriken. Kernstück sind etwa 200 historische Nähmaschinen. Hier sieht man all die alten Schätze von Viktoria, Dürkopp, Gritzner, Pfaff und Singer, dazu noch ganz rare Stücke aus der Pionierzeit der Nähmaschine.

Stadtpfarrkirche „Hl. Maria vom Rosenkranz und Hl. Regiswindis"

Den zweiten Stock nimmt das „1. Bayerische Schulmuseum" ein. Hier ist unter anderem ein komplett erhaltener Raum einer einklassigen, ungeteilten Dorfschule des ausgehenden 19. Jahr-

Linke Seite: Nähmaschine „Anita C", gebaut um 1900 nach amerikanischem Patent durch den 1863 gegründeten Dresdener Hersteller Grossmann (oben), sowie altes Schulzimmer (unten) im Stadtmuseum Gerolzhofen

Eingang zum Untergeschoss der Johanniskapelle mit Inschrift über den Beginn des Baus im Jahr 1497 unter dem Episkopat des Würzburger Bischofs Lorenz von Bibra

hunderts zu sehen, in dem noch bis zu sieben Jahrgänge in einem Raum unterrichtet wurden. Außerdem gibt es noch Ausstellungen zu Volksfrömmigkeit und Haus- und Hofgeräten. Bis direkt unter das alte Dachgebälk des Rathauses kann man aufsteigen, um historisches Gerät für Weinbau und Landwirtschaft zu studieren.

Die Stadtpfarrkirche „Heilige Maria vom Rosenkranz und heilige Regiswindis“ hat ein ungewöhnliches Patrozinium. Regiswindis war der Legende nach die kleine Tochter eines schwäbischen Grafen, die von ihrer Amme aus Rache getötet wurde, da ihr Vater den Bruder der Amme, einen Pferdeknecht, hatte auspeitschen lassen. Nach mehreren Tagen wurde der Leichnam im Neckar treibend aufgefunden und unter Wunderzeichen bestattet. Dies geschah im 9. Jahrhundert in Lauffen am Neckar. Lauffen gehörte damals aber zum Bistum Würzburg, und so förderten die Würzburger Bischöfe den Regiswindis-Kult, sprachen das Mädchen 1227 sogar heilig und sorgten so für die Ausbreitung ihrer Verehrung bis nach Gerolzhofen. Die ihr geweihte Stadtpfarrkirche ist ein wundervoller spätgotischer Bau aus den Jahren 1436 bis 1479. Um 1600 wurde noch einiges ergänzt, unter anderem die Türme mit ihren spitzen Echter-Helmen. Der dreischiffige Pfeilerbau hat kein Querschiff, aber eine tief in das Langhaus gezogene Empore, über der die Netze der Rippengewölbe mit ihren bemalten Schlusssteinen geradezu zu schweben scheinen. Nicht zu unrecht wird die Kirche auch der „Steigerwald-Dom" genannt. Ein Farbfenster an der Südwand stammt noch aus der Bauzeit. Gegenüber hängt eine Madonna nach dem Vorbild der Riemenschneiderschule im dreifachen Rosenkranz. Eine vorsichtige Barockisierung wurde oft geschickt mit älteren Kunstwerken verbunden. Der hoch aufragende, aber dennoch nahezu filigrane Hochaltar des Würzburger Hofbildhauers Johann Peter Wagner von ca. 1760 und die Kanzel integrieren spätgotische Schnitzereien.

Gleich hinter der Stadtpfarrkirche steht die ebenfalls gotische Johanniskapelle. Die zweistöckige Kapelle wurde 1497 erbaut und diente als Friedhofskapelle und Karner. Das Netzgewölbe im Obergeschoss und die feingliedrigen Maßwerkfenster sind von hoher Qualität. In diesem passenden Ambiente wurde nach einer Restaurierung 2005/06 ein Museum „Kunst und Geist der Gotik" eingerichtet. In der Kapelle und im benachbarten Mesner-

Johanniskapelle hinter der Stadtpfarrkirche, Front und Seite mit Fenstermaßwerk

haus werden Werke aus Stadt und Pfarrei Gerolzhofen sowie aus dem Besitz der Diözese Würzburg präsentiert, die die geistigen und geistlichen Wurzeln Frankens in der Kunst des ausgehenden Mittelalters erlebbar machen. Darunter sind auch Arbeiten Tilman Riemenschneiders und seiner Werkstatt.

Von Gerolzhofen bieten sich weitere Ausflüge nach Sulzheim, Grettstadt, Schweinfurt, Schloss Mainberg in Schonungen oder Volkach an. Auch in den Steigerwald ist es nicht weit. Eine schöne Tour von Würzburg aus ist der Weg über Volkach. Hier kommt man zunächst an den bekanntesten Weinbergen Frankens vorbei. Ab Volkach führt dann eine schöne, leicht geschwungene Landstraße durch eine Hügellandschaft, in der in raschem Wechsel kleine Weinberge, Wiesen, Felder und Krautäcker aufeinanderfolgen: eine schöne Motorradtour!

GEROLZHOFEN

Museum Johanniskapelle: Kirchgasse, 97447 Gerolzhofen; Öffnungszeiten: Sonn- und Feiertage 14 bis 17 Uhr; Eintritt 2,50 Euro, ermäßigt 0,50 Euro.

Stadtmuseum Gerolzhofen im Alten Rathaus: Marktplatz 20, 97447 Gerolzhofen; Öffnungszeiten: Montag bis Freitag 9 bis 12 Uhr und 13 bis 16 Uhr, Samstag 9 bis 12 Uhr, von April bis Oktober zusätzlich 14 bis 17 Uhr, Sonntag 14 bis 17 Uhr; Eintritt 1,50 Euro, ermäßigt 0,50 Euro.

Kombikarte für beide Museen 3 Euro, Informationen zu beiden Museen sowie über weitere Aktivitäten oder Führungen bei der Tourist-Information (Altes Rathaus, Marktplatz 20, 97447 Gerolzhofen, Tel. 09382 903512, E-Mail: info@gerolzhofen.info).

Rechte Seite: Maidbronner Kirche von Außen

Riemenschneiders letztes Werk in Maidbronn

Keine zehn Kilometer nördlich von Würzburg liegt das Dorf Maidbronn. Seine kleine Kirche beherbergt das letzte große Werk Tilman Riemenschneiders. Nur wenige Kunstfreunde und noch weniger Touristen finden den Weg hierher, selbst wenn sie vorher im Mainfränkischen Museum die größte Sammlung von Riemenschneider-Werken bewundert haben. Dabei ist der Maidbronner Altar „Beweinung Christi" nicht nur von großer kunsthistorischer Bedeutung. Er zählt außerdem zu den wenigen Kunstwerken Riemenschneiders, die noch am ursprünglichen Aufstellungsort erhalten sind. Er ist ein steingewordenes Zeugnis des künstlerischen Aufbruchs von der Spätgotik in die Renaissance. Und er ist auf das Engste verbunden mit den Stürmen der Zeit und dem Leben Tilman Riemenschneiders.

Die Maidbronner Kirche gehörte ursprünglich zu einem 1232 gegründeten Zisterzienserinnenkloster. Der alte Name Fons Virginis Sanctae Mariae (Brunnen der heiligen Jungfrau Maria) gab dem Ort den Namen Maidbronn. Nach dem Niedergang in den Jahrzehnten nach dem Bauernkrieg lebten nur noch vier Nonnen im Kloster. Langheimer Mönche übernahmen es schließlich als Propstei bis zur endgültigen Aufhebung durch Fürstbischof Julius Echter im Jahr 1581. Chor und Laienkirche blieben erhalten. Nonnenchor und Grablege wurden teilweise abgebrochen, um einen freien Zugang zum Klosterbrunnen zu schaffen. Nur wenige Teile sind im gegenüberliegenden Pfarrhaus noch erhalten. Im Umfeld befinden sich noch Reste der Klosteranlage: der Westflügel des Konventsbaus mit Spuren des Kreuzgangs und die ehemalige Klostermühle.

Die Klosterkirche ist von der üblichen zisterziensischen Schlichtheit. So kommt auch der Riemenschneider-Altar im rechteckigen und nur leicht eingewölbten Chor ideal zur Geltung. Tilman Riemenschneider arbeitete an dem monumentalen Sandsteinrelief von 1519 bis 1523. Er war zu diesem Zeitpunkt ein gefragter Künstler, der einen Ruf über Mainfranken hinaus genoss. In seiner gut gehenden Werkstatt schuf er mit

Rechte Seite: Chorraum mit Riemenschneider-Altar

zahlreichen Gesellen Kunstwerke, die in einem Umkreis von 100 Kilometern bis heute die mainfränkische Kunstlandschaft prägen. Auch in der Stadt Würzburg genoss Riemenschneider Achtung und Ansehen. Seit 1504 saß er im Rat, seit 1520 war er Bürgermeister. Die Zeiten waren unruhig. Seit Luthers Thesenanschlag 1517 griff die Reformation selbst in der Bischofsstadt um sich. In dessen Schrift „Von der Freyheith eines Christenmenschen" von 1520 sahen vor allem die städtischen Unterschichten und die Bauern eine Rechtfertigung, gegen soziale Missstände, ungerechte Herrschaft und die Leibeigenschaft aufzubegehren.

Im Maidbronner Altar hat sich Riemenschneider in diesen Jahren selbst ein Denkmal gesetzt, das sich wie ein politisches Bekenntnis lesen lässt. Er stellt sich im bürgerlichen Gewand als Nikodemus in das Zentrum des Geschehens der Beweinung Christi. Nikodemus war nach Joh. 3,1 ein führender jüdischer Pharisäer. Unter dem Eindruck der christlichen Botschaft wendet er sich dem wahren Glauben zu. Von ihm stammt nach Joh. 3,8 das Wort: „Der Geist weht, wo er will; du hörst sein Brausen, weißt aber nicht, woher er kommt und wohin er geht. So ist es mit jedem, der aus dem Geist geboren ist." Als Ratsmitglied legte er schließlich das Zeugnis für Christus ab mit den Worten: „Verurteilt etwa unser Gesetz einen Menschen, bevor man ihn verhört und festgestellt hat, was er tut?" (Joh. 7,51). Als Bürgermeister befand sich Riemenschneider in jenen Jahren in einer ganz ähnlichen Situation. Luthers Freiheitslehren und die Forderungen der Bauern konnten ihn nicht unberührt lassen. Er scheint ihnen einige Sympathien entgegengebracht zu haben. Kurz nach Fertigstellung des Altars wurde Riemenschneider dann tatsächlich in den Bauernkrieg verwickelt. Zwar versuchte er, als Bürgermeister die Interessen der Stadt zu schützen, und neigte einer gemäßigteren, auf Verhandlungen bedachten Position zu. Doch nach der blutigen Vernichtung der Bauernheere 1525 geriet er in den Verdacht der Mittäterschaft, wurde mehrere Monate auf der Festung Marienberg eingekerkert und gefoltert. Nach einer hohen Strafzahlung konnte er zwar wieder arbeiten – dass man ihm unter der Folter die Hände gebrochen hatte, ist eine Legende –, doch die Aufträge blieben aus und bis zu seinem Tod im Jahr 1531 schwand sein Ruhm so rasch, dass er bald darauf völlig in Vergessenheit geriet. Einen letzten kleinen Auftrag hatte er noch zu erfüllen: Dem Maidbronner Altar fehlte noch eine Predella. Riemenschneider erhielt den Auftrag ein Jahr nach dem Ende des Bauernkriegs. Für die bescheidene Arbeit erhielt er nur 11 Gulden. Damit ließ sich vielleicht ein Knecht für ein Jahr bezahlen. In der Inschrift musste er dem Sieger über die Bauern ein Denkmal setzen. Die lateinische Inschrift lautet übersetzt: „Im Jahre des Herrn 1525 haben die Bauern Ostfrankens, dem wahren Glauben entfremdet, diesen Ort … ärger als Feinde mit Raub, Mord und Brand verwüstet. Nachdem sie endlich durch Waffengewalt besiegt waren und der Sturm gestillt war, wurde dieser Altar zu Ehren der glorreichsten Gottesgebärerin und der Heiligen Kilian und seiner Gefährten im darauffolgenden Jahr errichtet." Mit dem Wissen um die Rolle Riemenschneiders als bekennender Künstler und Politiker machen die Verzweiflung und die Trauer der Figuren bei der Beweinung Christi, in deren Mittelpunkt Riemenschneider selbst als Nikodemus unter dem Kreuz steht, einen noch viel tieferen Eindruck als das ohnehin schon in die Kunst der Renaissance verweisende Relief selbst. Einer der besten Kenner Riemenschneiders, der ehemalige Direktor des Mainfränkischen Museums Prof. Dr. Max von Freeden, schrieb 1947 über das Relief: „Diese Beweinung in der stillen Kirche in Maidbronn ist ihrem Wesen nach ein wirklich letztes Werk, nicht nur des Meisters Tilman Rie-

Riemenschneider-Altar „Beweinung Christi" mit Selbstbildnis Riemenschneiders (obere Reihe, links der Mitte) als Nikodemus

menschneider, sondern auch der Zeit. Es ist durch eine vorher und nachher nicht wieder erreichte Innerlichkeit und Größe des Gefühls beseelt."

Wer der Kunst Riemenschneiders in der Region nachgehen möchte, hat weite Wege vor sich. Große Altäre des Meisters stehen in Münnerstadt, Creglingen, Bibra bei Meiningen, Rothenburg ob der Tauber oder in Großostheim. Die Arbeiten, die seinen Schülern oder seiner Werkstatt zugeschrieben werden, sind kaum zu zählen. Im Bamberger Dom schuf er das Kaisergrabmal Heinrichs II., im Würzburger Dom unter anderem das beeindruckende Grabmal Bischof Rudolfs von Scherenberg. Als Nachklang zu Maidbronn lohnt aber auf jeden Fall ein Besuch im Mainfränkischen Museum Würzburg, wo mit über 80 Arbeiten Riemenschneiders die größte Sammlung seiner Werke zu besichtigen ist. Darunter befinden sich auch die Originale der Figuren von Adam und Eva an der Würzburger Marienkapelle oder sein eigenes Epitaph am Würzburger Dom. Ansonsten kann man auch noch wenige Kilometer nach Osten fahren und eine seiner schönsten Mariendarstellungen in der Wallfahrtskirche Maria im Weingarten bei Volkach betrachten, bevor man in einer der vielen Weinstädte an der Mainschleife den Tag ausklingen lässt. Wenn dazwischen noch Zeit ist, lohnt auch ein kurzer Abstecher in das keine 2 km entfernte Rimpar mit dem Schloss Grumbach aus dem 14. Jahrhundert mit Umbauten der Echterzeit. Es diente seit dem 16. Jahrhundert den Würzburger Fürstbischöfen als Sommerresidenz und beherbergt heute ein Museum mit beachtenswerten Sammlungen zu Archäologie, Schlossgeschichte, Handwerk und Kriminalgeschichte.

MAIDBRONN

Die Kirche ist zu normalen Tageszeiten stets geöffnet. Der Eintritt ist frei.

Rechte Seite: Der innere Torturm, davor der Aushänger des Storchenwirts

Prichsenstadt

Prichsenstadt liegt im fränkischen Weinland zwischen Main und Steigerwald. Mit Mainbernheim teilt es die enge Verbindung zum Königtum. Karl IV. erhob das bislang so genannte „Prichsendorf“ 1367 zur „Prichsenstadt“. Lange blieb es beim Reich und bei der böhmischen Krone. Im Siegel und im Wappen hinterließ dies seine Spuren. Mauer und Turm stehen für die Stadterhebung, ein Löwe für das Wappentier des Königreichs Böhmen. In späteren Zeiten wechselten sich die Burggrafen von Nürnberg, die Markgrafen von Brandenburg-Ansbach, Preußen und Bayern als Stadtherren ab.

Prichsenstadt nimmt den Besucher sofort gefangen. Man betritt die Stadt durch das westliche Tor. Die beiden breiten, aber recht niedrigen Flankierungstürme machen eher einen romantisch-niedlichen, denn trutzig-wehrhaften Eindruck. Anders als viele andere kleine Städte widerstanden die Prichsenstädter stets, ihre Tortürme mit immer mehr zusätzlichen Stockwerken zu versehen. So blieb ein wirklich mittelalterlicher Eindruck gewahrt, den die kleinen Wassergräben und eine Teichkette an der nördlichen Mauer noch verstärken. Durch das Tor betritt man zunächst das alte „Prichsendorf“. Von der Hauptstraße aus erblickt man einen weiteren Torturm, der sich beim Nähertreten aber nicht als das gegenüberliegende Stadtende erweist, sondern den Durchgang in einen weiteren Stadtbezirk eröffnet. Hier begann die befestigte Marktsiedlung, die mit der Stadterhebung 1367 ausgebaut wurde. Das alte, zur Vorstadt herabgesunkene Dorf wurde im 15. Jahrhundert in den Mauerring einbezogen. So gibt es eine durch den zentralen Stadtturm geteilte Stadt. In der „neuen“ Stadt treten die Häuser entlang der Hauptstraße zu einem Marktplatz auseinander.

Gleich hinter dem Turm steht das Rathaus, etwas weiter nach hinten versetzt die evangelische Pfarrkirche. Nach Norden hin erstrecken sich kleinere Gässchen mit einer lockeren

Rechte Seite, oben: Westliches Stadttor
Rechte Seite, links unten: Aushänger der Prichsenstädter Krone
Rechte Seite, rechts unten: Der Acolon, ein junger Rotwein wird in der Umgebung von Prichsenstadt angebaut, hier die Acolon-Weintraube

Gasthof
Prichsenstädter Krone

Bebauung ehemaliger kleiner Bauernhöfe. Den schönsten Eindruck macht aber die geschlossene Häuserzeile der großen Höfe an der Hauptstraße. Breite Einfahrtstore, kleine Treppenaufgänge und oft mit gutem Zierwerk versehene Fachwerkobergeschosse, Tore, Türme und das durchgehende Kopfsteinpflaster tragen zum vielleicht einheitlichsten altfränkischen Stadtbild unter den vielen kleineren Weinstädten am und um den Main bei.

Eine Besonderheit ist auch der „Freihof", ein stattlicher Fachwerkbau mit Treppengiebeln, vor dem sich der neben dem Marktplatz einzige größere freie Raum in der Stadt entfaltet. Er diente der fränkischen Reichsritterschaft als Tagungsort und als kaiserliche Freistätte. Wenn es einem Übeltäter gelang, den Hof zu erreichen, fand dieser hier einen vorläufigen Schutz vor der weltlichen Gerichtsbarkeit und durfte versuchen, seine Tat (meist Totschlag) in einem privaten Sühnevertrag mit den Angehörigen zu büßen.

Prichsenstadt gehört zu den schönsten der weniger bekannten Städtchen Mainfrankens. Es besitzt einen ganz besonderen Charme, der nicht zuletzt daher rührt, dass beim Gang durch die Stadt scheinbar jedes zweite Haus ein Gasthaus ist. Ob „Grüner Baum", „Zum Storch", „Zum Goldenen Adler" oder „Zur Krone": Überall versprechen Wirtshausschilder und geschmiedete Ausleger Gastfreundschaft, gute bis gehobene fränkische Küche und den vor den Toren reichlich wachsenden Wein.

In der Umgebung Prichsenstadts gibt es eine Vielzahl lohnenswerter Ziele. Bis nach Castell und Rüdenhausen, Wiesentheid, Rödelsee, Mainbernheim, Iphofen oder Kitzingen ist es nur ein Katzensprung. Viele gut ausgeschilderte Radwege verbinden die eng gedrängte Stadt- und Dorflandschaft zwischen Main und Steigerwald und führen oft durch kleine Bachtäler mit Mühlen oder durch Weinberge mit Winzerhütten und Aussichtspunkten. Prichsenstadt besitzt übrigens wenige Meter vor dem westlichen Stadttor wie Mainbernheim (mit dem es ohnehin einen großen Teil seiner Geschichte teilt) eine frei stehende Friedhofskanzel und Arkaden.

Zu Prichsenstadt gehört auch noch der Ortsteil Laub. In der kleinen, 1590 im nachgotischen Stil erbauten Filialkirche St. Nikolaus, die gleich neben einer besonders alten und reizenden Steinbrücke über die Schwarzach steht, ist die „Lauber Madonna" zu bewundern. Die lebensgroße Sandstein-Madonna stammt aus dem frühen 14. Jahrhundert und befand sich einst in Würzburg, bis die Lauber sie für „2 Aimer Wein" erwarben. Sie steht auf einem Kapitell mit dem Wappen der Stifterfamilie Teufel, die 1316 das Würzburger Bürgerspital ins Leben gerufen hatten, in dessen Kapelle noch ihre plastisch gearbeiteten Stiftergrabmäler stehen. Wegen des „Teufelswappens" war das Kapitell sogar zeitweise aus der Kirche verbannt – dabei war „Teufel" nur der Name der Stifterfamilie.

Im Winzerhof des Gasthofs zum Storch wird anlässlich des Weinfestes Livemusik gespielt.

Für Wanderer ist neben den üblichen Routen in der Region auch noch ein Weg mit der Bezeichnung „Prichsenstadter Rebenslauf" ausgeschildert. Er führt über zwölf Stationen mit schönen Ausblicken und Erläuterungstafeln in den Jahreslauf der Weinreben ein. Die gerade einmal 1,3 km sind bei einem gemütlichen Spaziergang in weniger als einer Stunde zu bewältigen und machen richtig Durst auf einen Schoppen. Startpunkt ist bei der katholischen Kirche St. Thekla und Lioba, einem einfachen Saalbau mit Dachreiter aus den Jahren um 1930 in der Kirchschönbacher Straße 1.

Innerhalb der alten Mauern gibt es noch sieben Winzer. Fast alle bieten jederzeit Weinverkauf ab der Haustür an und organisieren auf Anfrage auch Weinproben oder Picknicks in den Weinbergen. Eine schöne Einkehr bietet die nach der gleichnamigen Weinlage benannte „Prichsenstädter Krone" am Marktplatz. Bodenständige und günstige fränkische Gerichte bekommt man in Verbindung mit einem guten Schoppen, den der Wirt selbst anbaut. Das Gasthaus ist zugleich der Winzerbetrieb der Familie Wagner. Die Brotzeitkarte ist zugleich Weinliste. Nach dem Essen kann man hier die genossenen Schoppen gleich zu Hofpreisen in Flaschen oder Kartons bestellen und mit nach Hause nehmen. Und wenn der Wirt gerade als Winzer im Weinberg ist, hinterlässt er eine Telefonnummer an der Tür, sodass der Weinliebhaber nicht mit leeren Händen weggehen muss. Auch die in Franken zunehmend beliebter werdenden Edelbrände gibt es hier und bei den anderen Winzern.

Bei dieser Gelegenheit sei noch auf eine echte Entdeckung hingewiesen: den Acolon, einen ganz jungen Rotwein. Zwar gilt Wiesenbronn als fränkische Rotweininsel und auch das andere Ende Mainfrankens bringt bei Klingenberg hervorragende Rotweine hervor. Doch seit wenigen Jahren wird in den Lagen Prichsenstädter Krone und im benachbarten Greuther Bastel neben anderen Roten auch der Acolon angebaut. Die Sorte entstand 1981 aus einer Kreuzung von Lemberger und Dornfelder, und erst seit 2002 besitzt sie die Zulassung des Bundessortenamtes. In Franken nimmt sie mit etwas über 50 ha gerade 0,8 % der Rebfläche ein. Sie ergibt einen wunderbar samtigen und intensiv fruchtigen Wein von tiefroter Farbe, der schon als einfacher Qualitätswein zu überzeugen weiß und bestens zu einer kräftigen Brotzeit passt. Dem Acolon dürfte noch eine große Zukunft bevorstehen, auch wenn sein Ruf sich neben den roten Traditionssorten Domina, Dornfelder und Regent in Franken noch festigen muss. Als Prädikatswein dürfte er auch lange lagerfähig sein und besitzt damit alle Chancen, zu einem festen Bestandteil guter Weinkeller zu werden.

PRICHSENSTADT

Informationen und Führungen über das Tourismusbüro Stadt Prichsenstadt (Karlsplatz 5, 97357 Prichsenstadt, Tel. 09383 97500 oder 09383 975018, E-Mail: stadt@prichsenstadt.de).

Rechte Seite: Blick auf die Ruine der Oberen Burg, darunter die evangelische Pfarrkirche St. Johannes

Die evangelischen Schlosskirchen in Castell und Rüdenhausen

Zwischen dem Westhang des Steigerwaldes und dem Main begannen sich im Laufe des 12. Jahrhunderts die Herren von Castell unter mehreren konkurrierenden Geschlechtern durchzusetzen. Von 1202 bis zur Mediatisierung der Grafschaft 1806 gehörten sie als reichsständische Grafen dem Fränkischen Reichskreis an. Ihr Herrschaftsgebiet umfasste zu den besten Zeiten 30 ganze Ortschaften und zahllose weitere Besitzungen. Von zwei Burgen aus beherrschten sie einst das Umland. Die Vordere Burg auf dem Casteller Herrenberg war zeitweilig an die Markgrafen von Ansbach verpfändet. Die Obere Burg auf dem Schlossberg wurde schließlich zum Stammsitz der Schenken von Castell. Beide wurden im Bauernkrieg 1525 zerstört. Als Schloss wiederaufgebaut wurde nur die Obere Burg. Nachdem sich die Grafen jedoch im Ortskern ein repräsentatives Barockschloss errichteten, verfiel das Bergschloss. Der markante Treppenturm ist jedoch noch heute weithin über dem Ort sichtbar.

Im 16. Jahrhundert schlossen sich die Grafen von Castell der Reformation an. Gemeinsam mit den Markgrafen von Ansbach verstanden sie sich als Speerspitze des Protestantismus in Franken. Viele der kleineren Reichsrittergeschlechter folgten ihnen. Dies prägte die Landschaft. Nachdem die Casteller Herrschaft kein geschlossenes Territorium hatte aufbauen können, wechseln sich zwischen Main und Steigerwald noch heute deutlich erkennbar protestantisch geprägte Orte wie Castell, Rüdenhausen, Prichsenstadt oder Mainbernheim mit stark katholischen Orten, wie das nur wenige Kilometer entfernte Wiesentheid ab, wo die im alten Glauben verharrenden Grafen von Schönborn saßen. Die politische und konfessionelle Konkurrenz zwischen den einzelnen Häusern führte zusammen mit der Ausbildung von Seitenlinien zu einer Städte- und Dörferlandschaft, die auf engstem Raum ungemein reich ist an eindrucksvollen Kirchen

Rechte Seite, links oben: Treppenturm des verfallenen Oberen Schlosses
Rechte Seite, rechts oben: Turmfassade der Casteller Grafschaftskirche
Rechte Seite, unten: Frühklassizismus in reinster Form in der evangelischen Pfarrkirche von Castell; im Chor Kanzelaltar und Fürstenlogen

und Schlössern. Fürsten dürfen sich die Grafen von Castell-Castell und Castell-Rüdenhausen übrigens erst seit 1901 nennen, als sie in den erblichen bayerischen Fürstenstand erhoben wurden. Heute lebt das Fürstenhaus vom Bankgeschäft. Bereits 1774 gründeten sie mit der „Gräflich Castell-Remlingen'schen Landes-Credit-Cassa" die älteste Bank Bayerns. Der Hauptsitz der heutigen „Fürstlich Castell'schen Bank. Credit-Casse AG" befindet sich in einem neugotischen Schlossbau in Castell. Der zweite Geschäftszweig ist neben 5.000 Hektar Forst der Weinanbau, den die Familie schon seit dem 13. Jahrhundert betreibt. Die Weinberge in Castell, Hohnart, Schlossberg und Trautberg gehören zu den ältesten namentlich bekannten Lagen des fränkischen Weinbaus. Auch die erstmalige Anpflanzung der „typisch fränkischen" Silvanerrebe im Jahr 1659 verdankt sich dem Wirken der Grafen von Castell. Das Weingut des Fürstlich Castell'schen Domänenamtes bewirtschaftet heute ca. 70 Hektar in sieben Lagen; fast alles ist im Alleinbesitz der Familie. Über den Casteller Weinbau informiert heute eine kleine Dauerausstellung etwas unterhalb der Kirche im ehemaligen Pferdestall des Schlosses.

Noch heute prägen die Fürsten von Castell Land und Leute und nehmen eine starke Position in der evangelischen Landeskirche ein. Es versteht sich von selbst, dass sie auch die Kirche an ihrem Herrschaftssitz zu einer festen Burg des evangelischen Glaubens ausbauen wollten. Sie ist heute noch Zentrum eines Dekanats und trägt alle Zeichen fürstlichen Kirchenpatronats. Sie wurde 1784 vom Würzburger Landbaumeister Joseph Albert errichtet. Protestantisch nüchterner Klassizismus, viel Stuck mit wenigen Vergoldungen beherrschen den hohen und erstaunlich hellen Kirchenraum, der deutlich vom benachbarten Markgrafenstil beeinflusst ist. Von außen sieht sie mit dem eingezogenen Turm und der hohen Fassade auf den ersten Blick aus wie eine der zahlreichen Barockkirchen in der Gegend.

Doch innen bietet sie ein einmalig geschlossenes Bild frühklassizistischer Ausstattung. Klare Gesimslinien in hellen Farben mit weißer Stuckierung ersetzen katholische Heiligenver-

Blick in das Langhaus

ehrung. Nichts sollte von Predigt und Sakrament ablenken. Im Zentrum steht das Wort des Evangeliums. Für einen Altar mit Altarbild ist kein Platz mehr. An seiner Stelle ragt ein Kanzelaltar in den Raum. Daneben sind die Logen der Casteller, von denen sie – standesgemäß wenigstens auf Augenhöhe mit dem Prediger sitzend – dem Wort Gottes lauschen konnten. Im Langhaus dominieren die großen, an der Rückseite sogar zweistöckigen Emporen. Eine etwas einfachere Ausführung in Form einer Kanzelwand hat die Castell untergeordnete evangelische Kirche St. Bartholomäus in Rödelsee. Etwas unterhalb der Kirche liegt das in den Jahren von 1686 bis 1691 durch den Künzelsauer Baumeister Peter Sommer (1650 – 1697) erbaute Neue Schloss. Eigentlich hat man hier nur den etwas bescheideneren Hintereingang vor sich. Die repräsentativere Front geht zum dahinter liegenden Park. Besichtigen kann man das Schloss nicht.

SOLMS
NASSAU
BRAUNSCH
WEIG

Es wird noch von den Fürsten zu Castell-Castell bewohnt. Der bürgerliche Besucher muss leider draußen bleiben.

Im nur zwei Kilometern weiter nördlich gelegenen Rüdenhausen ergibt sich ein ähnliches Bild in geringfügig bescheidenerer Form. Dass der Name des Ortes von den gräflichen Hunden herrührt, die hier gehalten wurden, ist wohl Legende. Ursprünglich waren hier Castellsche Vasallen angesiedelt. Nach einer Teilung der Linien zog ein Zweig der Familie selbst in das 1556 errichtete Wasserschloss ein. Auch dieses wird von der Familie heute noch bewohnt und ist nicht zu besichtigen. Das ehemalige Domänenamt ist heute Rathaus. Von 1709 bis 1712 wurde auch hier eine neue protestantische Kirche errichtet. In ihr gibt es einen seltenen Taufengel. Außerdem wurde die Kirche als Grablege der Linie Castell-Rüdenhausen genutzt. Einige Epitaphien künden von adeligem Selbstbewusstsein und Memoria. Besonders ein riesiges Epitaph einer Casteller Gräfin, das reihum mit den Wappen sämtlicher verwandter Familien besetzt ist, sticht vor diesem Hintergrund ins Auge. Hierher wurde auch das älteste Casteller Grabdenkmal gebracht, das bis zum Verlust der Herrschaft auf der Vogelsburg bei Volkach stand. Der vollplastisch gearbeitete Ritter aus dem 14. Jahrhundert steht heute allerdings etwas lieblos hinter dem Altar. Deutlich repräsentativer als in der klassizistischen Kirche von Castell sind hier die Längsemporen ausgefallen, in deren Mitte die mit vergoldeten Schnitzereien überreich ausgestattete Herrenempore besonders ins Auge fällt.

An lohnenswerten Zielen ist die Gegend reich, Iphofen, Volkach oder Kitzingen sind von hier aus schnell zu erreichen. Der katholisch-protestantische Flickenteppich lädt bei jedem neuen Ort zu einem kleinen Ratespiel ein: Markgräflich-castellisch protestantisch oder würzburgisch-schönborn-

Linke Seite, oben: Epitaph der Carola Luisa von Castell mit umgebenden Allianzwappen
Linke Seite, unten: Emporen in der Kirche zu Rüdenhausen, in der Mitte der Längsempore die Herrenempore unter dem Castellschen Wappen

schwarzenbergisch katholisch? Mit etwas Übung wird man rasch das richtige treffen, zumal die jeweiligen Herren großen Wert darauf legten, ihre Wappen anzubringen. Das einfache, rot-silbern gevierte Casteller Wappen ist recht leicht zu erkennen. Wer nach protestantischer Nüchternheit wieder überbordenden Katholizismus braucht, dem sei die Kirche im 6 km nördlich gelegenen Wiesentheid empfohlen! Weinpfade, Rad- und Wanderwege durchziehen die Landschaft. Überall warten kleine Weinorte und idyllisch gelegene Weinberge oder Kirchen. Wer der prägenden Kraft der Casteller nachspüren will, dem sei der Kulturpfad Castell empfohlen, der den Spuren des Geschlechts in 51 Orten im Kitzinger Land zwischen Main und Steigerwald nachgeht. Informationen gibt es in einem umfangreichen gedruckten Führer oder unter www.kulturpfad-grafen-castell.de. Erhältlich ist er bei den Tourist-Informationen bzw. Rathäusern der beteiligten Orte, im lokalen Buchhandel oder über das Dachmarketing des Kitzinger Landes zum Preis von 9,50 €.

CASTELL

Die Kirchen in Castell und Rüdenhausen sind zu normalen Tageszeiten geöffnet. Eine Tourist-Information gibt es im Ort nicht. Informationen können jedoch bei der Gemeinde angefragt werden: Gemeinde Castell, Rathausplatz 4, 97355 Castell. Tel. 09325 401, Email: gemeinde@castell-gemeinde.de. Informationen zu Veranstaltungen: www.castell-gemeinde.de."

Rechte Seite: Illusionskuppel der Schlosskirche in Wiesentheid

Die Schlosskirche in Wiesentheid

Wiesentheid war seit 1678 Sitz einer Reichsgrafschaft in Besitz der Grafen zu Dernbach. Doch schon kurze Zeit später starb das Geschlecht aus und Graf Rudolf Franz Erwein von Schönborn, der 1701 die Witwe des letzten Dernbachers geheiratet hatte, trat das Wiesentheider Erbe an. Wie alle Schönborns von der Bauwut befallen, schuf er mit Schloss, Kirche und Stadt ein Verwaltungszentrum Schönbornscher Territorien, das in vielerlei Hinsicht ein Gegengewicht zu den Schlössern, Kirchen und Territorien umliegender reformierter Landesherren darstellen sollte.

Wiesentheid wurde zu einer ländlichen Residenzstadt, die dem Vorbild der Schönbornschen Bischofsresidenzen in Würzburg und Bamberg folgte. Die riesige Vierflügelanlage des Schlosses dokumentierte weithin sichtbar den Rang einer reichsunmittelbaren, hochgräflichen Familie. Der Bau bestimmt die ganze Straßengliederung. An der Ostseite beginnt die Kanzleistraße. Hier prägen barocke Verwaltungsbauten, Dominialkanzlei und Beamtenhäuser das Bild. Hinter dem Schloss liegt ein riesiger Park mit Wasserspielen und fünf großen Portalen. Der ursprüngliche barocke Lustgarten wurde teilweise im Stil eines englischen Landschaftsgartens modernisiert. Zum katholischen Selbstverständnis der Schönborns gehörte natürlich auch eine repräsentative Schlosskirche. Sie liegt nur wenige Schritte gegenüber dem Eingangsportal des Schlosses. Von außen präsentiert sie sich wie eine der vielen ländlichen Barockkirchen; etwas größer vielleicht, aber durchaus in traditionell barocker Formensprache.

Betritt man jedoch den Kircheninnenraum, so gerät man in einen hohen, weiten Raum, der nur spärlich erleuchtet wird. Das Fenster hinter dem durchbrochenen Hauptaltar lässt die monumentale Figur des Kirchenpatrons Mauritius (einer der Reichsheiligen) im Gegenlicht nur umrisshaft hervortreten.

Rechte Seite, oben: Das von dunklen Holztönen und vergoldeten Heiligenfiguren geprägte Kircheninnere
Rechte Seite, unten: Barockkirche Wiesentheid mit Turm und vorbeblendeter Barockfassade von Balthasar Neumann, daneben der Pfarrhof

WPB
WÜRZBURGER PFLASTERBAU

Das finstere Kircheninnere atmet einen katholischen Mystizismus, der einen scharfen Kontrast zur lichtdurchfluteten protestantischen Klarheit der nicht weit entfernt liegenden Casteller Schlosskirche darstellt.

Geht man unter der Orgelempore noch einige Schritte weiter ins Kirchenschiff und haben sich die Augen etwas an das Dunkel gewöhnt, so ändert sich erneut das Bild. Plötzlich glaubt man sich in einer der monumentalen Hauptbasiliken Roms zu befinden. Der einschiffige Raum scheint nach oben kein Ende zu nehmen. Überall ziehen kannelierte, korinthische Pilaster den Blick nach oben. Auf einem stark vorspringenden Gesims und auf schweren Kragsteinen stehen Figuren im Stil der italienischen Renaissance: die vier Kirchenväter Hieronymus, Augustin, Ambrosius und Gregor der Große. Die Seitenwände zieren Medaillons mit Christus und Maria. Putten auf Wolken tragen Musikinstrumente und die Heilige Dreifaltigkeit blickt aus dem Himmel auf die Gläubigen herab. Doch über den Gesimsen geht es noch weiter hinauf. Über einem rot-gold verzierten Rondell erheben sich weitere Säulenpaare, deren dazwischen angebrachte Fenster Licht in eine gewaltige, über allem thronende Kuppel werfen. Ihre ebenfalls rot-goldenen Rippenbänder führen den Blick noch weiter nach oben in eine hell erleuchtete Laterne. Wer noch den ganz barocken Anblick der Kirche von Außen im Kopf hat, wird sich verwundert fragen, wo plötzlich der gewaltige überkuppelte Innenraum im Stil der Renaissance herkommt. Erst nach ein paar weiteren Schritten mit staunendem Blick nach oben offenbart sich das Geheimnis, wenn die Perspektiven mit dem Blick des Betrachters nicht Schritt zu halten vermögen. Alles ist nur Scheinarchitektur. Der ganze Innenraum ist vollständig ausgemalt und will den Eindruck einer römischen Renaissancekirche erwecken. Es gibt keine einzige Säule, keine Kuppel und keine Laterne. Sie sind nur auf eine flache Spiegeldecke gemalt. Alles ist fast perfekte Illusion.

Den Auftrag für das gewaltige Täuschungswerk erteilte der baubeflissene Rudolf Franz von Schönborn zum Andenken an seine 1718 verstorbene Ehefrau Maria Eleonore Charlotte, die ihm als Witwe des letzten Dernbachers die ganze Grafschaft eingetragen hatte. Die enge Verwandtschaft zum geistlichen Teil der Familie, jenen Schönborns, die als Fürstbischöfe von Bamberg und Würzburg das ganze Land barockisierten, erlaubte es, den Hofbaumeister Balthasar Neumann mit den Plänen für den Kirchbau zu beauftragen. Die Ausführung überließ man dem lokalen Baumeister Johann Georg Seitz, der sich schon bei der Residenz in Bruchsal und im Kloster Ebrach bewährt hatte. 1732 konnte die Kirche geweiht werden. Die Weihe nahm Fürstbischof Friedrich Carl von Schönborn vor, der Bruder des Bauherrn.

Für die Ausmalung konnte Giovanni Francesco Marchini (1672 – 1745) gewonnen werden. Er galt als Schüler des Andrea Pozzo (1642 – 1709), der mit dem Deckenfresko von San Ignazio di Loyola in Rom und der Scheinkuppel in der Wiener Jesuitenkirche Meisterwerke der Illusionsmalerei geschaffen hatte. Außerdem war Pozzo Verfasser eines mit zahlreichen Stichen versehenen Handbuchs über die Kunst der Perspektive in Malerei und Architektur. Nach den Regeln seines Traktats „Perspectivae pictorum et architectorum" ließ Rudolf Franz durch Pozzos Schüler Marchini römische Kirchenpracht in die fränkische Provinz holen. In nur zwei Jahren von 1728 bis 1730 malte der italienische Meister die gewaltige Fläche.

Auch fränkische Künstler wurden noch beschäftigt. Für den Hochaltar mit den Figuren der Heiligen Franziskus, Bonifatius, Kilian und Johannes von Nepomuk wurde Jakob van der Auwera (1672 – 1760) beauftragt. Die Tabernakeltür mit der Offenbarung des Johannes stammt von Johann Georg Neßtfell (1694 – 1762), der auch Seitenaltäre, Kanzel, Orgelprospekt, Beichtstühle und Kirchengestühl beisteuerte. Die Kalvarienberggruppe zwischen Kirche und Pfarrhaus schuf im Jahr 1766 Lucas van der Auwera (1710 – 1766).

Schloss und Kirche in Wiesentheid sind nur durch Konkurrenz konfessionell verschiedener Grafengeschlechter zu erklären. Wiesentheid ist gewissermaßen auf engstem Raum eingekreist vom Wirken der protestantischen Konkur-

renz in Rüdenhausen und Castell; auch Prichsenstadt ist nicht weit. In vielen kleinen Dörfern der Umgebung, deren Herrschaft geteilt war, gab es sogar Simultankirchen oder es stehen heute eine protestantische und eine katholische Kirche einander gegenüber. Wer dem Wirken Balthasar Neumanns weiter nachspüren möchte, wird in Franken reichlich fündig werden. Für die Schönborns wurde er an vielen Orten tätig. Ein Beispiel, das wie Wiesentheid mit konfessioneller Konkurrenz verbunden ist, findet sich ca. 40 km nordwestlich in Euerbach. Hier wurde die evangelische Kirche (St. Cosmas und Damian, ein gotischer Bau mit Krypta) seit 1711 als Simultankirche benutzt – ein solcher Zustand war für die katholischen Dorfherren natürlich auf Dauer unerträglich. So erbaute Neumann 1739 bis 1742 in Schönbornschem Auftrag die Schlosskapelle St. Michael, die von den katholischen Einwohnern mitbenutzt werden durfte. Wer das Wirken Giovanni Francesco Marchinis in Süddeutschland weiter verfolgen möchte, wird etwas weitere Wege auf sich nehmen müssen. Von seiner Hand stammen die Deckenmalereien in der Wallfahrtskirche Walldürn, der Gartensaal im Schloss Weißenstein in Pommersfelden (bis heute in Schönbornschem Besitz) und die Scheinkuppel der Bamberger Martinskirche. Näher liegt nur Schloss Zeilitzheim 14 km nordwestlich von Wiesentheid. Hier beauftragten die Schönborns 1735 Marchini mit der Ausmalung des Festsaals. Eine Kirche sollte wiederum Neumann beisteuern; sie wurde aber nicht ausgeführt.

Wiesentheid

Das Schloss wird von der Familie Schönborn als Wohnsitz und Hauptverwaltung der umfangreichen Schönbornschen Güter benutzt und ist nicht zu besichtigen. Der sehenswerte Park ist jedoch bis auf einen kleinen Bereich im Umfeld des Schlosses öffentlich zugänglich. Die Kirche steht dem Besucher zu normalen Tageszeiten offen.

Rechte Seite: Der Schwanberg aus der Luft

Wandern auf dem Schwanberg

Der Schwanberg ist ein weit in die Mainlandschaft vorragender Ausläufer des westlichen Steigerwaldes. Von seinem auf der Westseite offenen Hochplateau auf 474 Metern Höhe ergeben sich wunderbare Aussichten über die Weinberge und die vielen kleinen Weinorte am Fuß des Berges bis zur Siedlungslandschaft nach Kitzingen. Die bewaldeten Höhen des Berges sind ein Paradies für Wanderer.

Die exponierte Lage des Schwanbergs machte ihn schon seit jeher für menschliche Besiedelung interessant. Die ältesten Spuren stammen aus der Mittleren Steinzeit (10.000 – 4.000 v. Chr.). Etwas östlich der modernen Bauten auf dem Berg sind noch Spuren zweier wahrscheinlich sogar vorkeltischen Viereckschanzen aus der Zeit um etwa 1200 v. Chr. zu sehen; auch die Kelten waren um 400 v. Chr. auf dem Berg. Hinter den „Keltenwällen" soll sich noch im Dreißigjährigen Krieg die Bevölkerung der umliegenden Orte geflüchtet haben. 1023 schenkte Kaiser Heinrich II. den ganzen Berg dem Hochstift Würzburg. Im Mittelalter zierte eine beliebte Wallfahrtskapelle den Berg. Sie ist seit dem Bauernkrieg 1525 zerstört. Nur der Flurname Kappelrangen blieb; heute sind die Grundmauern der einstigen Walburgis-Kapelle mit Steinplatten im Boden markiert. Auch eine um 1250 errichtete Burg gab es. Sie wurde 1663 niedergebrannt und verfiel vollends. Ihre Reste sind in jenen modernen Schlossbauten aufgegangen, die schon von Weitem auf der Spitze des Schwanbergs sichtbar sind. Sie gehen auf Bemühungen des Würzburger Bischofs zurück, die alte Burg im modernen Gewand wiederzuerrichten.

Wer auf dem Schwanberg nur mit einen kurzen Spaziergang etwas frische Luft tanken möchte, dem seien seine ausgedehnten Parkanlagen empfohlen. Denn seit dem 19. Jahrhundert schlug der Klassiker „Berg mit Burg und Schloss" eine ganz eigenwillige Richtung ein, die ihn zum Naherholungszentrum werden ließ. Nach einem Würzbuger Hofkonditor wurde 1897 der Gießener Keramikunternehmer Jean Dern Herr auf dem Schwanberg. Seine Firma produziert übrigens noch heute Bäder und Fliesen. Er formte den Berg zu einem beliebten Ausflugsziel der wilhel-

Blick von den Weinbergen am Fuß des Schwanbergs auf Rödelsee

minischen Sommerfrischler um. Ein anderer früher Industriebaron aus fränkischem Adel kaufte letztendlich das ganze Gelände samt 300 Hektar Grund. 1911 bezog Alexander Graf von Castell-Rüdenhausen (1866 – 1924) das Schloss. Seit 1898 war er mit Ottilie von Faber, der Erbin des Bleistiftfabrikanten Faber, verheiratet. Den enormen Gewinn der Bleistiftfabriken legte er unter anderem in eine Renovierung des Schlosses an, in der Anlage einer Straße bis auf den Berg, in Wasser-, Strom- und Telefonversorgung sowie in einen gartengeschichtlich einzigartigen Park, der sich heute in östlicher Richtung weit hinter das Schloss erstreckt und dem Wanderer offensteht. Der Park ist eine Mischung aus barocker Symmetrie mit langen, schnurgeraden Alleen und Blickachsen, die von einem zum anderen Ende des Parks reichen, und modernem Landschaftsgarten. Der Veitshöchheimer Schlossgarten mag für das ältere Prinzip hier Pate gestanden haben, wie auch für manche der allegorischen Figuren, Putten und steinernen Sitzbänkchen, die der Würzburger Bildhauer Carlo Müller nach den Rokoko-Vorbil-

Der Neptunbrunnen am Rondell des Schlossparks mit Blickachse zum Mausoleum

dern Johann Peter Wagners fertigte. Um die Parkachsen herum herrscht dagegen das Prinzip des englischen Landschaftsgartens mit schattigen, verborgenen und geschwungenen Wegen und seltenen Gehölzen. Einige davon dienten auch als Versuchspflanzen für die Produktion neuer Bleistifthölzer. Im Zentrum steht in einem großzügigen Brunnen eine Neptunstatue, daneben ein Pavillon mit einem bronzenen Hubertus-Hirsch. Ganz am Ende befindet sich ein klassizistisches Mausoleum, in dem neben Alexander von Castell im Jahr 2004 auch der letzte Besitzer des Schlossbergs aus dieser Familie, Graf Radulf zu Castell-Rüdenhausen, seine letzte Ruhe fand. Seit 1957 sind Schloss und Gelände an die Communität Casteller Ring (CCR) verpachtet. Die evangelische Frauengemeinschaft, die nach den Regeln des Benediktinerordens lebt und nach dem Zweiten Weltkrieg aus dem Bund christlicher Pfadfinderinnen hervorging, hat hier das Zentrum des Ordenslebens und betreibt eine Tagungsstätte im Schloss Schwanberg, ein Meditationshaus und einen Jugendhof.

Sie sorgte auch für einen markanten Akzent moderner Architektur auf dem Traditionsberg: 1986 wurde die Ordenskirche St. Michael durch den Münchner Architekten Alexander Freiherr von Branca (1919–2011) fertiggestellt.

Alle Wanderwege aufzuzählen, die auf und um den Schwanberg Erholung in der Natur, frische Luft und weite Ausblicke versprechen, ist kaum möglich. Eine Karte am Parkplatz vor dem Schlossgelände informiert den Wanderfreund über Routen und Markierungen. Auf dem Berg selbst führen drei unterschiedliche Routen zwischen 40 und 90 Minuten am Schloss, dem kleinen Birkensee, der alten Walburgiskapelle und den Keltenschanzen vorbei. Auch einen „Kelten-Spielplatz" gibt es. Etwas längere Wege führen an den Waldsäumen des Berges und durch die Weinberge zu den umliegenden Orten. Weinerlebnispfade zweigen in praktisch alle umliegenden Ortschaften ab. Außerdem gibt es noch einen Kelten-Erlebnisweg und einen Krackenweg. Für extreme Wanderfreunde gibt es seit 2009 einen „Steigerwald-Panorama-Wanderweg", der von Bad Windsheim über den Schwanberg ganze 161 Kilometer in neun Einzeletappen bis nach Bamberg führt. Seit der Wiedereröffnung des von jahrzehntelangem Wildwuchs befreiten Parks und der Ausschilderung der Wanderwege nutzt vor allem die Bevölkerung des Umlandes den Schwanberg für ausgedehnte Sonntagsspaziergänge. Aber auch immer mehr Wandertouristen entdecken seine Schönheiten. In jüngster Zeit hat auch die sportlichere Fraktion unter den Radfahrern den Berg entdeckt, vor allem das weitverzweigte Wegenetz durch die Weinberge an seinem Fuß, das die vielen mittleren Anstiege immer wieder durch bezaubernde Ausblicke belohnt.

Wer seine Brotzeit nicht gleich im Ausflugsrestaurant auf dem Berg mit bestem Panoramablick einnimmt, der kann, wenn er möchte sogar zu Fuß, die vielen kleinen Weinorte am Hang des Schwanbergs besuchen: Castell, Großlangheim, Rödelsee oder Wiesenbronn. Ein lohnenswerter Abstecher könnte auch in das nahe Iphofen führen, ein Musterbeispiel eines frän-

kischen Weinortes mit einem fast vollständig erhaltenen Mauerring, beeindruckenden Toranlagen und historischen Bauten. Dabei sollte man auch einen Abstecher in ein Museum der besonderen Art einplanen: Im Knauf-Museum zeigt die berühmte Gipskarton- und Baustofffirma neben regelmäßigen Sonderausstellungen in eindrucksvoll moderner Gestaltung präzise Gipsabdrücke von Reliefs und Monumenten aus allen großen Kulturepochen der Weltgeschichte. Wer sich dagegen von der frühgeschichtlichen Besiedelung des Schwanbergs angezogen fühlt, dem sei noch ein anderer Zeugenberg des Steigerwalds empfohlen: der etwa 12 km weiter südlich gelegene Bullenheimer Berg. Man erreicht ihn über kleine Landsträßchen durch Iphofen, Willanzheim, Seinsheim und Bullenheim, wo man am Ortsende links in die Weinberge hochfährt. Über einen steilen Waldpfad geht es an den Ruinen einer spätmittelalterlichen Kunigundenkapelle vorbei auf den Bergsporn. Dort hat man von einem 18 m hohen Aussichtsturm (nur sonntags geöffnet) einen Überblick über das Wall- und Grabensystem der Besiedelung von der Steinzeit bis in das frühe Mittelalter. Es braucht allerdings ein erfahrenes Auge für die teils von Wald bedeckten Geländeprofile.

SCHWANBERG

Das Schloss wird als Tagungszentrum genutzt und ist daher im Zuge einer Führung zu besichtigen, die nur von Mai bis Oktober an jedem ersten Sonntag des Monats um 15.30 Uhr am Schlosstor beginnt. Führungen durch den Park gibt es beim Geistlichen Zentrum Schwanberg e.V. (Tel. 09323 32207, E-Mail: dkrauss@schwanberg.de). Der Park ist jederzeit frei zugänglich. Nur der Eingang ist nicht auf Anhieb zu finden. Vom Schlosstor aus wendet man sich ca. 100 m nach rechts, wo eine kleine Pforte in die Anlagen führt.

Knauf-Museum: Am Marktplatz, 97343 Iphofen; Öffnungszeiten: April bis Oktober, Dienstag bis Samstag 10 bis 17 Uhr, Sonntag 11 bis 17 Uhr; Eintritt 4 Euro, ermäßigt 2 Euro.

Rechte Seite: Blick vom Jüdischen Friedhof in Rödelsee auf den Schwanberg

Der Jüdische Friedhof in Rödelsee

Franken war ein Zentrum jüdischen Lebens. In der Bischofsstadt Würzburg ließen sich zu Beginn des 12. Jahrhunderts die ersten, wahrscheinlich aus Mainz kommenden Juden nieder. Im 13. Jahrhundert zählte Würzburg zu den bedeutendsten Judengemeinden des Reiches mit weitberühmten Rabbinern und Rechtsgelehrten, deren Rat international gefragt war. Von hier aus begann sich die Ansiedlung auch auf die kleineren fränkischen Städte auszudehnen. Überall an den Verkehrs- und Handelswegen, wo Spezialisten im Fernhandel und in Finanzfragen benötigt wurden, entstanden kleinere oder größere jüdische Gemeinden. Trotz einiger Pogrome, die in Franken besonders viele jüdische Opfer forderten (Rintfleisch-Pogrom 1298, Armleder-Pogrom 1336, Pest-Pogrome 1348/49), erfolgten immer wieder neue Ansiedlungen. Die Landesherren, allen voran der Bischof von Würzburg, verstanden sich als Schutzherren der jüdischen Gemeinden im Auftrag des Königs. Die reichen Steuereinnahmen, die den Herren von den Juden zustanden, machten dies auch zu einem lukrativen Geschäft. Erst im 15. Jahrhundert wurde die bischöfliche Politik schwankend. Alle paar Jahre wechselten sich Vertreibungen mit Wiederansiedlungsprivilegien ab. Unter Fürstbischof Julius Echter erfolgte die endgültige Vertreibung der Juden aus Stadt und Hochstift Würzburg.

Damit war das jüdische Leben aber keineswegs in ganz Mainfranken unmöglich geworden. Denn Echters Verordnungen ließen sich nur dort durchsetzen, wo er neben seiner geistlichen Gewalt als Bischof auch über weltliche Besitz- und Herrschaftsrechte verfügte. Und dies war bestenfalls in einem Gebiet der Fall, das höchstens ein Viertel seiner Diözese umfasste. So zogen die Juden in diejenigen ländlichen Gegenden, in die der weltliche Arm des Bischofs nicht reichte. Außerdem hatten sich nicht wenige der adeligen Geschlechter des Hochstifts mit größeren Grundherrschaften, etwa die Grafen von Castell, und vor allem viele der Angehörigen der Reichsritterschaft, deren Herrschaft sich nur über ein oder zwei Dörfer erstreckte, der Reformation angeschlossen. Sie nahmen die jüdischen Flüchtlinge auf. Damit begann die Epoche des Landjudentums. In vielen kleinen oder

Der jüdische Friedhof aus der Luft mit seinen unterschiedlichen Gräberfeldern. Auch die heute freien Flächen waren einmal belegt

kleinsten Gemeinden und Dörfern widmeten sie sich vor allem dem Getreide- und Viehhandel. So entstand – je nach territorialen und konfessionellen Verhältnissen – ein weitläufiges oder auch engeres Netz jüdischer Landgemeinden. An den alten Straßenbezeichnungen wie Judengasse, Judenhof oder Judenbühl ist leicht zu erkennen, ob eine jüdische Gemeinde vorhanden war oder nicht. Erst das Bayerische Toleranzedikt von 1813 gestattete freie Religionsausübung und Niederlassung. Daraufhin zogen viele Juden wieder in die Städte, wo sie in Handel und Gewerbe, dann auch im Bankwesen und der frühen Industrialisierung eine bedeutende Rolle spielten. Viele blieben aber auch in ihrer mittlerweile gewohnten ländlichen Umgebung. Eine oftmals recht bescheidene Synagoge gab es auch in kleineren Gemeinden. Für Friedhöfe war jedoch ein größeres Grundstück erforderlich, das im Gemeindebesitz war. Da der Grunderwerb bis

Links oben: Grabmal der Alberta Fromm; die abgebrochene Säule steht symbolisch für ein zu früh beendetes Leben
Rechts oben: Gerätehaus an der Umfassungsmauer anstelle des alten Taharahäuschens

1813 Restriktionen unterworfen war, versuchten sich in enger besiedelten Gegenden mehrere Gemeinden einen Friedhof zu teilen.

Ein Beispiel für einen solchen jüdischen Friedhof findet sich in Rödelsee. Der Ort war herrschaftlich und sogar konfessionell geteilt. Ab 1651 wurde die Kirche von beiden Konfessionen genutzt, erst als der Turm der Simultankirche 1770 einstürzte, gab es zwei neu gebaute Kirchen im Dorf, eine protestantische und eine katholische. Die Dorfherrschaft teilten sich vier Herren. Das katholische Hochstift Würzburg und das Kloster Ebrach hätten eine jüdische Gemeinde nicht geduldet. Aber der Einfluss der beiden anderen Herren, der Grafen von Castell und der Herren von Crailsheim, war groß genug, um doch eine Ansiedlung zu erlauben. So sind bereits 1585 in Rödelsee 18 jüdische Familien nachweisbar. Dies genügte leicht für einen Minjan, zehn männliche, mündige Juden, die für einen Gottesdienst erforderlich sind. Synagoge und Schule genossen bald einen guten Ruf. Auf dem Rödelseer Friedhof wurden schließlich auch Gemeindemitglieder aus Großlangheim, Hüttenheim, Mainbernheim, Mainstockheim, Obernbreit, Segnitz, Sommerach, Sommerhausen und Wiesenbronn beerdigt.

So entstand einer der größten Judenfriedhöfe in Franken. Er geht vermutlich bereits in das 15. Jahrhundert zurück. In einem großen, vollständig ummauerten Bezirk in den Feldern und Weinbergen zwischen Rödelsee und dem Fuß des Schwanbergs stehen heute noch über 2.500 jüdische Grabsteine, meist in hebräischer Sprache beschriftet, viele aber auch mit einer deutschen Zweitinschrift auf der Rückseite. Der Friedhof wurde mehrfach erweitert. Heute sieht man auf dem weitläufigen Areal fünf einzelne Gräberfelder, von denen das jüngste aus dem 19. und 20. Jahrhundert links des Eingangs liegt. Aber auch die freien Flächen zwischen den einzelnen Feldern sind belegt; nur die Steine sind verschwunden. Am Rand ermöglichte ein kleines Tahara-Haus die rituelle Totenwaschung. Es wurde beim Novemberpogrom 1938 angezündet und anschließend abgebrochen. Ein kleiner Neubau für Geräte steht an seiner Stelle. Ein Denkmal für die gefallenen jüdischen Frontkämpfer des Ersten Weltkriegs und die in der NS-Zeit ermordeten Juden aus Rödelsee und den umgebenden Gemeinden befindet sich auf dem Gelände. 1941 fand die letzte Beerdigung statt. Viele Grabsteine zeigen Symbole jüdischer Erinnerungskultur: eine Krone für das Leben eines Verstorbenen, das eine Krone verdient hat, die Levitenkanne für die Herkunft aus dem Stamm Levi oder eine abgebrochene Säule als Symbol für eine viel zu früh Verstorbene. Kleine Steine auf der Mauer neben dem Eingang und auf manchen der Grabmäler zeigen an, dass der Friedhof noch immer regelmäßig von den Nachfahren der hier Beerdigten besucht wird, die der Verstorbenen gedenken.

Der Rödelseer Judenfriedhof mag hier beispielhaft für viele andere in Mainfranken stehen. Weitere Anlagen gibt es etwa in Heidingsfeld, Höchberg, Allersheim oder Euerbach. Wer sich über jüdisches Leben, Kultur und Geschichte in Franken informieren möchte, dem sei noch die nahe liegende Kitzinger Synagoge empfohlen. Der „Förderverein ehemalige Synagoge Kitzingen am Main e. V." richtet Führungen aus, unter anderem nach Voranmeldung auch auf dem Rödelseer Friedhof, und bietet zahlreiche Veranstaltungen an. Das Zentrum „Shalom Europa" in Würzburg steht für die gesamte Kultur und Geschichte der Juden in Unterfranken. Zu sehen sind dort auch viele der Grabsteine des mittelalterlichen Judenfriedhofs in Würzburg, die 1982 bei Abbrucharbeiten wiederentdeckt wurden. Im selben Gebäude bietet das Jüdische Dokumentationszentrum eine Ausstellung über die jüdische Geschichte in Franken von den Anfängen bis zur Gegenwart. Das Alltagsleben um eine Synagoge lässt sich dagegen in einer sehenswerten Ausstellung des Jüdischen Kulturmuseums in der ehemaligen Synagoge Veitshöchheim erkunden.

Rödelsee

Der jüdische Friedhof liegt etwas außerhalb von Rödelsee und ist nicht leicht zu finden. Im Ort folgt man der Alten Iphöfer Straße. Ca. 200 m nach Ortsende geht es rechts zum Friedhof. Er ist stets verschlossen. Den Schlüssel und das Besucherbuch erhält man in der Tourist-Information im Rödelseer Markt (Zehntgasse 1, 97348 Rödelsee, Tel. 09323 3094). Führungen sind dort oder beim Förderverein ehemalige Synagoge Kitzingen (Tel. 09321 5422) zu organisieren.

Männliche Besucher werden gebeten, aus Respekt vor dem Ort wie in einer Synagoge eine Kopfbedeckung zu tragen. Auf Besuche am Samstag (Schabbat) sollte man verzichten.

Weitere Anlaufstellen zur jüdischen Geschichte in Unterfranken: Förderverein ehemalige Synagoge Kitzingen am Main e. V. (www.synagoge-kitzingen.de), Zentrum Shalom Europa (Valentin-Becker-Straße 11, 97074 Würzburg, www.shalomeuropa.de), Jüdisches Kulturmuseum in der ehemaligen Synagoge Veitshöchheim (www.jkm.veitshoechheim.de).

Rechte Seite: Das Untere Tor in Mainbernheim

Mainbernheim

Die meisten Reisenden fahren auf der nahen Bundesstraße 8 an Mainbernheim vorbei. Wer aber von der Straße aus einen Blick auf die malerische, nahezu vollständige mittelalterliche Stadtummauerung erhascht, wird sich vielleicht einen kurzen Abstecher überlegen. Und dieser lohnt sich auch.

Mainbernheim hieß seit der fränkischen Besiedelung im 8. Jahrhundert zunächst „Heim des Bero". Aus dem Namen des ersten Siedlers wurde bereits bei der schriftlichen Ersterwähnung 889 „Bernheim", später kam noch der Main hinzu, von dem der Ort aber drei Kilometer entfernt liegt. Das Wissen um die Herkunft des Namens ging aber rasch verloren und so wurde aus dem alten Gründer Bero im Lauf der Zeit ein Bär, der schließlich sogar als Wappentier verwendet wurde. Heute steht sogar ein vier Meter hoher Bär aus Holz vor dem Rathaus.

Als sicherer Anlaufort und Station auf der alten Straße von Kitzingen durch den Steigerwald nach Osten erfreute sich der Ort großer Beliebtheit. Vom Königtum wurde er stets gefördert. 1172 erhob Friedrich Barbarossa ihn zum Reichsdorf, 1367 bestätigte Karl IV. die Rechte und sein Sohn Wenzel erteilte 1382 Stadt- und Marktrecht. Besonders für die beiden letzteren spielte Mainbernheim eine wichtige Rolle in der Territorialpolitik. Er bildete eine Station der Landbrücke von den Stammsitzen der Luxemburger in Prag bis zur Krönungsstadt Frankfurt, auf

Mainbernheim, Stadtmauer aus der Zeit um 1400

der im Abstand von jeweils höchstens einer Tagesreise ein sicherer Ort in königlichem Besitz liegen sollte. Für das 15 Kilometer nordöstlich gelegene Prichsenstadt (das bis dahin Prichensdorf hieß) und das 25 Kilometer nordwestlich gelegene Heidingsfeld unmittelbar vor den Toren Würzburgs galt dasselbe: Beide Orte wurden von Karl bzw. Wenzel zu königlichen Städten erhoben. So dürften die beiden gelegentlich auch in Mainbernheim abgestiegen sein oder die auf dem Karlstein und später in Nürnberg aufbewahrten Reichsinsignien auf dem Weg zu Frankfurter Königskrönungen hinter den sicheren Mauern für eine Nacht verwahrt haben. Nachweislich übernachtete 1745 Maria Theresia während ihrer Krönungsreise hier. Gegenüber dem Rathaus lag die „Goldene Krone", ein im 16. Jahrhundert erbautes und später nach einem Weinhändler „Paulshaus" genanntes Gebäude. Hier stiegen die gekrönten Häupter auf ihrem Weg über die „Goldenen Straße" nach Frankfurt ab.

Nach verschiedenen Verpfändungen gelangte Mainbernheim ab 1525 unter die Hoheit der Markgrafen von Brandenburg-Ansbach. Mit ihnen wurde die Stadt 1792 sogar für ein paar Jahre preußisch (wegen der Steinbrüche in der Umgebung wurden die Mainbernheimer die „Steepreußen" genannt), dann nach 1803 für kurze Zeit bayerisch und ein paar Jahre großherzoglich-toskanisch und schließlich 1815 erneut bayerisch.

Automobil
Pflasterzoll
25 ₰

Gasthof zum Falken

Die frühe Stadterhebung ließ spätestens um 1400 einen Mauerring heranwachsen, der immer noch vollständig ist und 18 Türme und zwei Tore aufzuweisen hat. Ursprünglich war der Mauer sogar ein Wassergraben vorgelagert. Heute mildern hier Kleingärten das ehemals wehrhafte Bild. Die beiden Tore waren einst mit Zugbrücken und Fallgattern bewehrt. Spuren davon sind im Inneren noch zu sehen: Rollschlitze für die Zugbrücke, Halterungen der Tore, Balken zum Verschließen oder eine „Pechnase". Von der Hauptstraße zweigen sternförmig die kleineren Gassen ab. Eine kleinere platzartige Erweiterung mit einem Vierröhrenbrunnen bildet das Zentrum der Stadt. Der Brunnen wurde 1683 erbaut und trägt den Bär als Wappentier.

Den ursprünglich bäuerlichen Charakter hat Mainbernheim bis heute gewahrt. An der Hauptstraße liegen neben den repräsentativen Gebäuden wie Rathaus, Klosterhof und Kasten viele Bauernhöfe. Sie zeigen mit ihren breiten, bogenüberspannten Einfahrtstoren zwischen den spitzgiebeligen Häusern, dass auch mitten in der Stadt die meisten von der Landwirtschaft lebten. Die Einfahrten mussten genug Platz für Fuhrwerke bieten. Dahinter liegen zwar schmale, dafür weit nach hinten reichende Höfe mit seitlichen Scheuern für bäuerliches Arbeiten. Viele davon sind heute blumengeschmückte städtische Oasen. In anderen Höfen, vor allem in den Seitengassen mit lockerer Bebauung durch kleinere Bauernhöfe und Handwerkerhäuser, wird noch immer Landwirtschaft betrieben. Gelegentlich künden das Quieken von Schweinen oder einschlägige Düfte von Viehhaltung mitten in der Stadt.

Die Fachwerkhäuser wurden im 18. Jahrhundert oft verputzt. Viele zeigen aber immer noch – oder wieder – ihre reichen Fachwerkschnitzereien. Neben dem Vierröhrenbrunnen steht eines der ältesten Häuser der Stadt. Erbaut im Jahr 1480 war hier die Zollstation. Ein Schild vom Beginn des 20. Jahr-

Linke Seite, oben: Eines der ältesten Häuser Mainbernheims: die ehemalige Zollstation und spätere Lebkuchenfabrik
Linke Seite, unten: Vierröhrenbrunnen mit dem Bären und Gasthof zum Falken

Einer der Höfe, die sich hinter den vielen bogenüberspannten Einfahrten erstrecken

hunderts zeigt, dass noch in den Anfangszeiten des Automobils hier ein Straßenzoll von 25 Pfennigen entrichtet werden musste. Außerdem befand sich hier das erste Stammwerk der 1863 von Johann Friedrich Schmidt aus Nürnberg gegründeten Lebküchnerei. Ab 1902 wurde die Produktion in eine neue Fabrik neben dem Bahnhof ausgelagert (heute werden dort u.a. Haribo-Produkte hergestellt).

Der Klosterhof, wo ein Verwalter des Klosters Ebrach die Abgaben einzog, besitzt einen imposanten Eingang mit Klosterwappen. Das Rathaus ist ein dreigeschossiger Renaissancebau mit Treppengiebeln. An der Frontseite zur Hauptstraße sieht man neben Wappen und der Jahreszahl 1548 auch fromme Sprüchlein: „Wer Gotes wort erkent, hie in dieser welt, dem wirts nit versiegen, weder hie noch dort“ und „willst du nit wissen, wer du bist, so sag auch einem andern nit, wer er ist“. Auch

Links oben: Friedhofsportal aus der Renaissance
Rechts oben: Arkadenfriedhof mit frei stehender Friedhofskanzel

manches Haus hat einen Hausspruch an der Fassade. Dies weist schon darauf hin, dass Mainbernheim mit der Reformation zum Protestantismus übertrat.

Dies sieht man auch an einer Besonderheit protestantischer Bestattungsbräuche. 1546 wurde der Friedhof vom alten Kirchhof weg, vor die Mauern der Stadt verlegt. Ein schönes Renaissanceportal ließ den Besucher in den ummauerten Bezirk. Im Inneren wurden zwei lange Sitzreihen unter einer Arkade angelegt. Ihnen gegenüber befindet sich eine frei stehende Friedhofskanzel. Die auf einem kurzen Podest ruhende Kanzel war mit einem Schiefferhelm überdacht. Von hier aus konnte der Prediger in ergreifenden Leichenreden die Verdienste des Verstorbenen noch einmal in Erinnerung rufen.

Die flache Landschaft zwischen Kitzingen und dem westlichen Steigerwald ist durchdrungen von Rad- und Wanderwegen. Wer den Themen „Reichsstadt“ und „Reichsdorf“ nachgehen möchte, kann nach Prichsenstadt, Heidingsfeld oder Gochsheim und Sennfeld fahren. Schützen werden ihre Freude an Mainbernheim haben. Im Schützenhaus an der Schießstätte besitzt die Schützengesellschaft (auch ein Relikt der wehrhaft-reichsstädtischen Vergangenheit) eine der größten Sammlungen historischer Schützenscheiben in Deutschland. Auch das früher viel weiter verbreitete Phänomen der Friedhofskanzeln hat in einigen weiteren Exemplaren in der Gegend überlebt. In einem Umkreis von weniger als 15 km gibt es entweder ganz frei stehende Kanzeln oder Holz- und Steinexemplare, die unter der Überdachung der Friedhofsarkaden angebracht sind, so zum Beispiel in Prichsenstadt, Reppendorf, Marktsteft, Wiesenbronn und Abtswind. Überall hier zeigt sich der Einfluss der reformierten Grafen von Castell und der Markgrafen von Brandenburg-Ansbach, die ihre gegen das katholische Würzburg gerichtete Territorialpolitik auch mit der Verbreitung evangelischer Bräuche zu stärken versuchten.

MAINBERNHEIM

Den Friedhof mit der Freikanzel findet man von der Stadtmitte aus durch das Untere Tor Richtung Kitzingen kommend etwa 100 m außerhalb der Stadtmauern auf der rechten Seite.

Rechte Seite: Eingang zur Kirchenburg mit Torhaus und Mesnerhaus

Die Kirchenburg in Mönchsondheim

Mönchsondheim liegt in einer einst recht unruhigen Ecke Mainfrankens. Seit dem ausgehenden Mittelalter trafen hier, an der Ostgrenze des Hochstifts Würzburg, die territorialen Interessen vieler Grafen- und Herrengeschlechter mit denen des Würzburger Bischofs und des Markgrafen von Ansbach aufeinander. Kleinere Fehden oder größere Auseinandersetzungen waren an der Tagesordnung. Und wer sich keinen festen Mauerring um das Dorf leisten konnte, musste mit einer Kirchenburg vorlieb nehmen. Mönchsondheim besitzt zweifellos eine der am stärksten befestigten und dazu noch am besten erhaltenen Kirchenburgen in Franken. Wie die Anlagen im Schweinfurter Land in Gochsheim oder Geldersheim wird sie heute museal genutzt.

Entstanden ist der feste Mauerring um die 1688 neu erbaute Pfarrkirche, an dessen Innenseite sich hoch aufgemauerte, mehrstöckige Gaden drängen, um das Jahr 1400. Dorfherr waren die Ebracher Zisterzienser. Doch der starke Einfluss der Markgrafen von Ansbach führte zur Annahme der Reformation, was die politischen Verhältnisse natürlich nicht einfacher gestaltete. Mönchsondheim war im bunten fränkischen Fleckenteppich somit ein „evangelisches Klosterdorf“. Der Pfarrkirche inmitten der dörflichen Burg spürt man protestantische Nüchternheit auch deutlich an. Die vielen im Vergleich zu anderen fränkischen Kirchenburgen bemerkenswert stark und aus Stein mit nur wenigen Holzeinbauten errichteten Gaden dienten der Dorfbevölkerung als Speicher- und Lagerräume sowie natürlich als Zuflucht in kriegerischen Zeiten. In den Kellern ruhten die Weinfässer.

Den Zugang bildet eine kräftige Toranlage, deren Tor aus dicken Bohlen mit einer kleinen Schlupfpforte ausgestattet ist. Darüber wohnte der Mesner. Heute sind hier Trachten aus dem südlichen Unterfranken ausgestellt. Im Inneren rücken die Gaden oft eng an die Kirche heran. Nachdem die ganze Kirchenburg zu verfallen drohte, bildete sich ein Verein, der schließlich 1981 ein Museum der besonderen Art eröffnen konnte.

In den 38 Gaden werden altes Handwerk und landwirtschaftliche Geräte gezeigt. Eine Vielzahl alter Werkstätten wur-

Links oben: Gaden der Kirchenburg
Rechts oben: Starke Toranlage mit einer kleinen Schlupfpforte

de aus der Umgebung zusammengetragen. Zu sehen sind unter anderem eine Töpferei, eine Seilerei, Werkzeuge und einfache Maschinen der Schuhmacher, Schmiede, Wagner, Sattler, Schreiner, Weber und Rechenmacher. Die größten Gaden bergen sogar große Weinkeltern. In manchen muss sich der Besucher dafür durch niedrige Geschosse und steile, engwinkelige Treppchen arbeiten. Auch sonst gibt es in Mönchsondheim einiges zu sehen.

Gleich gegenüber der Kirchenburg liegt der Krämerladen Hassold. Der ehemalige Stall des 1690 erbauten Wohnstallhauses diente seit 1852 als dörflicher Lebensmittelladen. Daran hat sich bis heute nichts geändert. Nur ein paar Schritte weiter liegt der Gasthof „Zum Schwarzen Adler“. Er stammt aus dem Jahr 1790. Seine Einrichtung versetzt den Besucher in die 20er Jahre des 20. Jahrhunderts zurück.

Im unmittelbaren Umfeld der Kirchenburg befinden sich weitere historische Gebäude, so zum Beispiel das alte Rathaus von 1557 mit seiner reichen Fachwerkzier und der ehemaligen Dorfbäckerei im Untergeschoss. Der Gemeindebäcker wohnte gleich neben dem Ofen. Auch die Posthilfstelle war dort untergebracht. Die vergleichsweise junge Dorfschule stammt aus dem Jahr 1927. Sie ist jetzt als Schulmuseum eingerichtet. Lehrerwohnung und der einklassige Unterrichtsraum für Schüler

Ländliches Handwerk: Büttnerei

mehrerer Altersstufen stellten bis in die Nachkriegszeit noch die Realität der ländlichen Dorfschule dar. Kirchenburg und Museum, aber auch die anderen dörflichen Gebäude Rathaus, Gasthaus und Schule zeigen fast alle Aspekte des dörflichen Alltags in Franken aus verschiedenen Jahrhunderten.

Von der Kirchenburg nehmen auch drei Wanderwege ihren Ausgang, auf denen zahlreiche Kulturlandschaftrelikte die enge Verbindung zur dörflichen Flur aufzeigen. Innerhalb der historisch gewachsenen Dorfanlage zeigt eine Abteilung „archäosuntheim" an originaler Stelle Bodenbefunde und Hausgrundrisse aus früheren Epochen. Möchsondheim entwickelte sich in den letzten 25 Jahren aus dem Kirchenburgmuseum zu einem vielgliedrigen Museumsensemble, bei dem fränkischer Dorfalltag an originaler Stelle nacherlebt werden kann. Dabei ist Mönchsondheim keineswegs ein reines Museumsdorf. Nach aktuellem Stand leben und arbeiten hier noch 182 Einwohner.

Wer im Vergleich ein nichtmuseales Nutzungskonzept einer Kirchenburg besichtigen möchte, kann in das 5 km weiter südlich gelegene Nenzenheim fahren. Dort sind in der alten Kirchenburg heute nach mehrjährigen Renovierungs-

Linke Seite: Gaden der Kirchenburg

arbeiten das Evangelische Gemeindehaus, eine Diakoniestation und die Teilnehmergemeinschaft der Flurbereinigung untergebracht. Im alten Schulhaus befindet sich heute ein Kindergarten. In Seinsheim werden die Gaden noch als Lagerräume genutzt. Für ein weiteres Nest an Kirchenburgen muss man sich dagegen in den Landkreis Schweinfurt begeben. In Gochsheim und Geldersheim werden die Kirchenburgen ebenfalls als Museen genutzt, weitere Anlagen gibt es in Euerbach oder Donnersdorf, in der Nähe noch in Marktsteft.

Mönchsondheim

Kirchenburgmuseum (und die angeschlossenen Abteilungen im Dorf): An der Kirchenburg 5, 97346 Iphofen, Tel. 09326 1224, E-Mail: kirchenburgmuseum@kitzingen.de; Öffnungszeiten: Mitte März bis Ende Oktober, Dienstag bis Sonntag und an den Feiertagen 10 bis 18 Uhr, Anfang November bis zum 1. Advent, Samstag, Sonn- und Feiertage 10 bis 16 Uhr; Eintritt 4 Euro, ermäßigt 1 Euro. Weitere Informationen zu den Führungen und zum Veranstaltungsprogramm unter www.kirchenburgmuseum.de.

Die Schlossruine Wässerndorf

Wässerndorf liegt ein paar Kilometer östlich von Ochsenfurt und Marktbreit an den südwestlichen Ausläufern des Steigerwaldes. In dieser Ecke des Ochsenfurter Gaus überschnitten sich seit dem späten Mittelalter die Einflüsse des Hochstifts Würzburg mit den territorialen Interessen der Markgrafen von Ansbach. Dies gab vielen kleinen Herrengeschlechtern die Chance, – es mal mit diesem, mal mit jenem haltend – zu eigenen kleinen Herrschaften zu gelangen. Die Herren von Seinsheim und die Grafen von Schwarzenberg zählen zu den bedeutenderen Adelsgeschlechtern dieses Raums. So kamen selbst kleinere Dörfer zu beeindruckenden Burgen oder ansehnlichen Schlösschen.

Wässerndorf wurde ursprünglich „Westerndorf" genannt, weil es nur einen Kilometer westlich des Herrschaftssitzes Seinsheim lag. Die Herren von Seinsheim besaßen hier einen großen Teil des Landes und errichteten eine Burg, die sogar eine Nebenlinie des Geschlechts begründete. Sie starb 1529 aus. Dorf und Burg gingen schließlich an das Haus Schwarzenberg über, die in mehreren Schritten alten Seinsheimer Besitz aufkauften. Die später in den Fürstenstand erhobenen Schwarzenberg gehörten zu den bedeutendsten Adelsgeschlechtern Frankens, die auch über umfangreichen Besitz in Böhmen, der Steiermark und in der Krain verfügten. Bis zur Enteignung durch die Nationalsozialisten im Jahr 1936 waren die Schwarzenberg die größten Grundbesitzer in der Gegend; das Schloss selbst ging bereits 1910 an die Freiherren von Pölnitz über.

Nach dem Erwerb der Herrschaft ließ Friedrich von Schwarzenberg ab 1555 ein Schloss erbauen, das Teile der alten Burg mit modernen Renaissance-Elementen verband. Die Anlage dominiert den ganzen Ort. Ein kräftiger, halbrunder Torturm empfängt den Besucher. Über dem Tor sieht man noch die Rollen für eine früher vorhandene Zugbrücke. Heute führt eine Steinbrücke bis direkt zu den Mauern. Eine vollständig erhal-

Rechte Seite, oben: Torturm; über dem Tor sind noch die beiden Rollen für die Zugbrücke erkennbar
Rechte Seite, unten: Blick in den zugewachsenen Burggraben

Einer der Giebel des ausgebrannten Schlosses im Inneren

tene hohe Ringmauer mit acht Türmen erhebt sich aus einem tiefen, einst mit Wasser gefüllten Graben. Im Inneren stehen noch immer die Ruinen einer vierflügeligen Anlage mit vier Renaissance-Giebeln. Das Schloss war nicht nur Herrensitz und repräsentativer Wohnbau, sondern auch Sitz des Vogteiamtes. Von hier aus verwalteten die Schwarzenberg ihren Besitz, der neben Wässerndorf auch Liegenschaften und Herrschaftsrechte in Großlangheim, Markt Herrnsheim, Hüttenheim, Iffigheim, Obernbreit und Seinsheim umfasste.

Heute liegt das Schloss als Ruine da. Unter den vielen Burg- oder Klosterruinen Frankens stellt es aber eine Ausnahme dar. Denn es zählt nicht zu den vielen nach dem Bauernkrieg oder dem Dreißigjährigen Krieg nicht wieder aufgebauten Burgen oder Klöstern. Das Wässerndorfer Schloss ist eine der letzten noch vorhandenen Ruinen des Zweiten Weltkriegs. Es wurde während der Invasion im April 1945 in Brand geschossen, nachdem bei Kämpfen in der Gegend ein amerikanischer Offizier gefallen war. Während die Außenmauern unbeschädigt blieben, brannte das Schloss völlig aus. Nicht nur die wertvolle Inneneinrichtung samt vieler Kunstschätze wurde dabei zerstört. Auch zahlreiche hierher vor der Bombardierung Würzburgs am 16. März 1945 ausgelagerte Archivalien des Staatsarchivs wurden ein Raub der Flammen. Neben einigen Adelsarchiven war es vor allem ein großer Bestand an Säkularisationsakten, der dabei verloren ging. So lässt sich heute der einstmals umfangreiche Besitz vieler Klöster an Einrichtungsgegenständen, Vermögen und Kunstwerken, die nach 1803 neue Besitzer fanden, kaum noch rekonstruieren.

Wässerndorf zählt zu den kaum bekannten, dafür umso beeindruckenderen Ruinen. Die fast quadratische Anlage ist von einem steil abfallenden Graben umgeben, der den wehrhaften Charakter der vormaligen Burg noch bestens widerspiegelt. In den Jahrzehnten nach dem Kriegsende hat sich die Natur Terrain zurückerobert. Wall und Graben sind mit Bäumen und dichtem Unterholz zugewachsen, die immer wieder reizvolle Durchblicke auf Mauern, Türme und die ausgebrannten Gebäude im Inneren eröffnen. Auf dem Wall kann man die Anlage ganz umlaufen. Doch hinein kann der Besucher leider nicht. Am ehemaligen Schlosstor verwehrt ein verwittertes Schild der ehemaligen Besitzer aus dem Haus der Freiherren von Pölnitz den Zutritt. Nur ein Blick durch die Spalten der schon etwas morschen Bretter gibt einen Eindruck von dem einst repräsentativen, dreigeschossigen Renaissanceschloss, das fast den gesamten alten Burghof füllt. Das Schloss wird wohl noch für lange Zeit als Ruine liegen bleiben, die zugleich Zeugnis ablegt von

Blick von der Michaelskirche oberhalb des Schlossbergs über Herrnsheim, Willanzheim und Iphofen bis zum Schwanberg

mittelalterlicher fränkischer Adelskultur und dem Wahnsinn des Zweiten Weltkriegs. Nach der Räumung vom Schutt des Brandes 1945 schenkten die Freiherren von Pölnitz die Ruine dem Freistaat Bayern, da die Mittel für einen Wiederaufbau fehlten. Seit 1982 ist das Schloss wieder in privaten Händen. Doch scheiterten bisher alle Versuche einer Wiederbelebung – etwa durch ein Freizeithotel. Heute gehört es einem Garten- und Landschaftsarchitekten.

Die Herren von Seinsheim und die Grafen von Schwarzenberg haben die umliegenden Orte über Jahrhunderte geprägt. Ihre Spuren trifft man etwa in der katholischen Wässerndorfer Dorfkirche St. Cyriakus an. Sie liegt idyllisch am unteren Rand des Dorfes neben dem Iffbach. Von außen fällt der kurze und stämmige Fachwerkturm des 1496 als spätgotischer Saalbau fertiggestellten Dorfkirchleins ins Auge. Im Inneren befinden sich im Chor zwei hervorragend gearbeitete Epitaphien. An der linken Chorwand steht das Epitaph für den 1502 verstorbenen Kilian von Seinsheim. Das Reliefbild zeigt ihn zwischen den Wappen der Seinsheim und der Seckendorf nicht wie üblich als gewappneten Ritter, sondern als demütigen Beter im weiten Mantel des Fürspänger-Ordens, seine Mütze an einen Ast gehängt. Begraben ist hier auch der 1570 verstorbene Friedrich von Schwarzenberg, der die Herrschaft von den Seinsheimern erworben und das Schloss hatte bauen lassen, sowie einige weitere Seinsheimer und Schwarzenbergs. Vom Schloss aus sind es nur wenige Hundert Meter bis zur außerhalb des Ortes liegenden evangelischen Michaelskirche. Der moderne Bau von 1965 hat eine frei zugängliche Epitaphienhalle, die auf ein weiteres Kapitel des Zweiten Weltkriegs verweist. Als die Nationalsozialisten 1938 bei Hammelburg einen riesigen (später von den Amerikanern genutzten) Truppenübungsplatz einrichteten, musste dafür ein ganzes Dorf weichen. Die Bauern aus Bonnland wurden bei Wässerndorf auf beschlagnahmten Schwarzenbergschen Land angesiedelt. Die alle nach demselben Muster errichteten Bonnland-Höfe sind noch heute sichtbares Zeichen dieser Zwangsumsiedlung. Die Bonnländer Bauern brachten dabei auch einige Grabdenkmäler aus der alten Bonnländer Kirche mit, die schließlich in der Epitaphienhalle neu aufgestellt wurden. So kam – durch die Folgen des Zweiten Weltkriegs – auch ein Renaissanceepitaph Philipps von Thüngen von 1752 in diese entgegengesetzte Ecke Mainfrankens. Begraben ist hier auch Emilie Friederike Freifrau von Gleichen-Rußwurm (1804 – 1872). Sie war die jüngste Tochter Friedrich Schillers. Ihr Epitaph fand den Weg nach Wässerndorf, weil sie mit dem Schlossherrn von Bonnland verheiratet und ursprünglich ebenfalls in der dortigen Kirche bestattet war. Die Epitaphienhalle lohnt übrigens schon deshalb einen Besuch, weil man von ihr aus einen wunderbaren Blick über die Dörfer des Seinsheimer Landes bis hin zum markanten Schwanberg am Westhang des Steigerwaldes hat.

Auch sonst gibt es noch viel zu sehen in dieser von Touristen kaum besuchten Gegend. Die Kirche St. Johannes in Iffigheim mit einem Turm aus dem 13. Jahrhundert besitzt ein Deckenfresko, das die erste Fahrt einer Postkutsche im Jahr 1898 abbildet. Die katholische Pfarrkirche St. Peter und Paul in Seinsheim hat eine sehenswerte Kirchenburg mit Gaden. Die Kirche selbst ist vollständig unterkellert. Ein unterirdischer Gang führt in die Gewölbekeller. In Tiefenstockheim ist die alte

Kirchenburg zu einem modernen Gemeindezentrum mit Museum, Ausstellungs- und Veranstaltungsräumen umgebaut. In Seinsheim eröffnet eine Aussichtskanzel in den Weinbergen einen herrlichen Rundblick. Wässerndorf selbst ist an den Kulturpfad „Grafen Castell" sowie an das Radwegenetz Kitzinger Land angeschlossen. Um Wässerndorf finden sich zahlreiche alte Bildstöcke. In den ganz eng beieinander liegenden Dörfern Seinsheim, Wässerndorf, Iffigheim und Tiefenstockheim führt ein knapp 2 km langer Bildstock-Wanderweg an 40 alten Flurdenkmälern vorbei. Der Weg ist Teil einer insgesamt 20 km langen Bildstock-Route. Wer es danach gerne wieder etwas urbaner hätte, findet im nahen Ochsenfurt oder in Marktbreit historische, mainfränkische Altstädte mit guter Gastronomie.

SCHLOSSRUINE WÄSSERNDORF

In Wässerndorf sind die Giebel der Schlossruine gut sichtbar und dienen als Orientierung zur Schlossbergstraße. Man kann bis kurz vor den Torturm fahren und dort parken. Das Innere der Ruine ist nur an einem einzigen Tag im Jahr zu besichtigen, am zweiten Sonntag im September zum Tag des offenen Denkmals. Führungen zu den weiteren Zielen in der Umgebung, zu Kirchen, Kirchenburgen, Kleinbrauereien und diversen Wander- und Lehrpfaden vermittelt die Gäste-Info Markt Seinsheim (Rathausplatz 1, 97342 Seinsheim, Tel. 09332 592159, E-Mail: touristinfo@seinsheim.de, www.seinsheim.de).

Rechte Seite: Maintor und Rathaus im Sonnenuntergang

Sulzfeld

Sulzfeld zählt zu den vielen kleinen Weinorten am Main, die regelmäßig mit dem Attribut „romantisch" belegt werden. Der erste Eindruck scheint dies auch voll und ganz zu bestätigen. Zwischen dem ruhig dahinfließenden Main auf der einen und einer Kulisse umrahmender Weinberge mit den beiden Sulzfelder Großlagen Maustal und Cyriakusberg auf der anderen Seite liegt ein Städtchen mit einer vollständig erhaltenen Stadtmauer, großem Rathaus und stattlicher Kirche, dessen engwinklige Gässchen mit ihren reizvollen Durchblicken auf Winzerhäuser und Mauertürme schon sehr an Gemälde Caspar David Friedrichs (1744 – 1840) und Ludwig Richters (1803 – 1884) oder Gedichte Joseph von Eichendorffs (1788 – 1857) und Friedrich Rückerts (1788 – 1866) erinnern. Doch wäre dies ein zu oberflächlicher Eindruck. Vorstellungen von konserviertem Biedermeieridyll verflüchtigen sich schnell, wenn man mit wachem Blick durch den Ort streift. Denn Sulzfeld ist ein durchweg lebendiger Weinort. Neben kleineren und einigermaßen dezent angelegten Neubaugebieten lebt der größere Teil der 1.250 Einwohner tatsächlich bis heute im Altort. Viele Winzer gehen in größeren oder kleineren und oftmals sorgsam restaurierten Höfen noch immer genau dort ihrem Beruf nach, wo schon ihre Vorfahren seit mehr als 500 Jahren ihren Wein ausbauten.

Sulzfeld unterscheidet sich im Aufbau von vielen anderen kleinen Städtchen. Ein eigentlicher Ortskern ist nicht auszumachen. Eine Hauptdurchgangsstraße mit marktplatzähnlicher Erweiterung existiert nicht. Der Verkehr konzentrierte sich an der mainseitigen Stadtmauer, wo allenfalls zwischen Maintor und Rathaus sowie weiter zum Faltertor hin etwas mehr Platz für Markt und Verkehr war. Von hier aus wuchs die Stadt in mehreren Erweiterungen den Hügel hinauf, wo sich ein Gewirr von kleineren und kleinsten Gässchen erstreckt. So gibt es keine rechtwinkligen Kreuzungen, die größere Blickachsen eröffnen.

Rechte Seite, oben: Sulzfelder Stadtmauer an der Mainseite
Rechte Seite, links unten: Die verwinkelten Gassen bieten abwechslungsreiche Einblicke
Rechte Seite, rechts unten: Rathaus

Die engen Gassen erforderten manche kreative Baulösung.

Alle Verbindungen sind mehrfach gebrochen. In den unregelmäßigen Ecken mussten die Bauherren dafür einige Kreativität entwickeln. Abwechslungsreiche Ecklösungen, teilweise starke Steigungen innerhalb der Stadt und immer wieder abknickende Fluchten ergeben ein Bild, das sich alle paar Meter völlig zu wandeln scheint und dabei doch immer wieder neue Varianten desselben fränkischen Weinortes zeigt.

Immer wieder gibt es schöne Ausblicke auf die insgesamt 900 Meter lange Mauer mit ihren 18 erhaltenen Türmen. Sie umgab den erstmals 915 erwähnten Ort ab dem Spätmittelalter. Runde und eckige Türme wechseln sich ab. Viele davon wurden in den letzten Jahren liebevoll wiederhergerichtet und sind teilweise auch bewohnt, wie etwa der Nachtwächtersturm oder der Russenturm. Auch an anderen Stellen zwangen der knappe Platz in der Stadt oder die Baukosten, die Mauer in die Wohnbebauung miteinzubeziehen. Selbst zur Mainseite hin sieht man auf die Mauer gesetzte Häuser. Im Gegensatz zu den schweren

Links oben: Barocke Dreifaltigkeitsdarstellung von 1708 als Hausfigur an einem Wohnhaus in der Erlacher Straße

Rechts oben: Die berühmte Sulzfelder Meterbratwurst

Toren zum Main hin erweckt die Mauer nicht unbedingt einen unüberwindlichen Eindruck. Immerhin scheiterte Markgraf Albrecht Achilles von Ansbach 1461 bei der Belagerung Sulzfelds. Im Dreißigjährigen Krieg half die Mauer aber nicht mehr. Auch französische Revolutionstruppen brandschatzten Sulzfeld im Jahr 1796. Dauerhafte Schäden blieben aber nicht zurück.

Im Inneren herrschen Fachwerkbauten vor. Sie stammen meist aus dem 17. und 18. Jahrhundert. Zugeputzte Fassaden oder Giebel versuchten den Eindruck von teurerem Steinbau zu erwecken. Ansonsten gibt es dazwischen auch einige Häuser des 19. Jahrhunderts in typischer Kalkbruchsteinbauweise. Zwischen einfacheren Häckerhäusern stehen aufwendigere Bürgerhäuser, wie das Haus in der Langgasse 14 mit einer großzügigen Giebelseite, aufgesetztem Schwalbenschwanzgiebel und profilierten Fensterrahmungen, oder wie der stattliche Walmdachbau in der Papiusgasse 7. Überbaute Toreinfahrten zeugen von landwirtschaftlicher Nutzung unter beengten Verhältnissen; sie geben den Blick in manch schönen Innenhof frei wie etwa beim Eselshof.

Die herrschaftlichen Gebäude zeigen, dass der Ort, der ab 1376 in mehreren Schritten an das Hochstift Würzburg kam, gute Einkommen im Weinbau erwirtschaftete. Die fürstbischöfliche Kellerei aus dem 16. Jahrhundert ist ein massives zweigeschossiges Giebelhaus mit Stufengiebel und Fassadenmalerei. Das Hoftor zur Zehntgasse zeigt die Jahreszahl 1558. Das Rathaus, das als erstes ins Auge fällt, betritt man die Stadt durch das Maintor mit seinen alten Hochwassermarken, ist ein reicher Renaissancebau mit Volutengiebeln. Es wurde von Peter Meurer um 1690 vollendet. Auf dem Platz davor steht eine Mariensäule von 1724, wie auch manches Haus durch Heiligenfiguren oder Bildstöcke geziert ist.

Blick auf den Hohen Turm (oder „Höhnleinsturm"), der mit seinen vier Stockwerken den Altort überragt

Ein Spaziergang durch die Gassen lohnt jedenfalls immer wieder neu. Die weitgehend intakte historische Bebauung und die bis heute anhaltende Präsenz von Weinbau und Landwirtschaft in der Stadt ließen ein für Mainfranken besonders charakteristisches Ensemble entstehen. Mehrfach wurde Sulzfeld mit Preisen belohnt. Beim Bundeswettbewerb „Unser Dorf hat Zukunft – Unser Dorf soll schöner werden" gab es 2010 unter den 30 schönsten Ortschaften Deutschlands die Silbermedaille. Der Preis war verdient, denn Sulzfeld bezieht seinen Reiz nicht aus einem touristisch glattgebügelten Idealbild, sondern aus lebendig gewachsener Tradition, die in einigen abgelegeneren Ecken wie beim Weingut Brennfleck in der Papiusgasse selbst

Mut zu modernem Bauen zulässt. In Sulzfeld bekommt der Besucher nicht nur ein praktisch vollständig erhaltenes mainfränkisches Stadtensemble. Man darf sich als Gast auch ernstgenommen fühlen. Keine Kitsch- und Nippesläden, die schon Einzug in mach anderen „romantischen Weinort“ gehalten haben, beleidigen den Gast. Die meisten Weinbauern in Sulzfeld verkaufen ab Hof. Wer einen guten Tropfen mit nach Hause nehmen möchte, klingelt einfach beim nächsten Winzer. Und nach einem ausführlichen Rundgang darf auch eine anständige Brotzeit nicht fehlen. Hier bietet Sulzfeld eine ganze Reihe von Gaststätten und Wirtshäusern (Zum Hirschen, Zehntgasse 1; Michelskeller, Zehntgasse 2; Zum Stern, Peuntgasse 5; Ratsstube, Langengasse 1, Zum Goldenen Löwen, Langengasse 2), in denen bodenständig regionale Küche geboten wird. Fast überall gibt es die berühmte Meterbratwurst, die in den 1960er Jahren von Lorenz Stark, Metzgermeister und damals Gastwirt im „Goldenen Löwen“, erfunden wurde. Allerdings reicht auch ein halber Meter mit Kraut oder Salat für eine normale Brotzeit. Für den ganzen Meter muss der Gast schon ordentlichen Appetit mitbringen. Es geht freilich noch länger: Der aktuelle Rekord steht bei 5,60 Meter! Wer das übertreffen möchte, muss sich aber an die Regeln halten: Die Beilagen müssen mitverzehrt werden. Da braucht es dann auch mehr als einen Schoppen Cyriakusberg oder Maustal, um alles gut hinunterzuspülen.

Sulzfeld liegt an einem der schönsten Abschnitte des Maintals. Zwischen Ochsenfurt und Kitzingen, dann weiter über Dettelbach, Schwarzach und die Mainschleife mit Sommerach und Nordheim bis Volkach bietet sich eine ungemein reizvolle Flusslandschaft – und der Vergleich mit anderen „romantischen Weinorten“. Die kleinen Sträßchen eignen sich für Auto- und Motorradtouren im Maintal. Auch die Fahrradwege sind gut ausgebaut und selbst für Bootswanderer ist gesorgt. Wer über Biebelried anfährt, sollte dort nicht sofort auf die Bundesstraße wechseln, sondern in den Ort fahren. Hier sieht man noch eine Burg der Johanniter. Die dicken

Mauern aus staufischen Buckelquadern sind noch gut erkennbar, auch wenn auf der alten Burg heute landwirtschaftliche Gebäude stehen. Auch die Pfarrkirche St. Johannes lohnt einen Besuch. Von den schönen lindenholzgeschnitzten Altarbildern und Figuren darf man sich allerdings nicht täuschen lassen. Sie sehen nur auf den ersten Blick so aus, als wären sie aus der Werkstatt Riemenschneiders oder gar vom Meister selbst. Tatsächlich stammen sie aus dem Jahr 1903. Sie sind aber ein schönes Beispiel für die Wiederentdeckung Riemenschneiders, dessen Werk jahrhundertelang völlig in Vergessenheit geraten war.

Rechte Seite: Ochsenfurt am Main, aus der Luft ist der nahezu quadratische Grundriss der Altstadt gut zu erkennen

Ochsenfurt

An der Südspitze des Maindreiecks liegt Ochsenfurt, die größte Stadt im Landkreis Würzburg. Bis heute hat die Stadt den Charme einer fränkischen Bürgerstadt bewahrt. Dabei ist sie keineswegs museal verbrämt. Gerade der Stadtkern ist von Leben erfüllt. Trotz einer der größten Zuckerfabriken Deutschlands, einem kleinen Gewerbegebiet und modernen Neubausiedlungen leben von den ca. 11.500 Einwohnern noch immer über die Hälfte in der alten Kernstadt.

Ochsenfurt zählt nicht nur zu den größten, sondern auch zu den ältesten Städten im Hochstift Würzburg. Die Anfänge reichen bis in das frühe Mittelalter zurück. 1295 verkaufte der Würzburger Bischof Manegold von Neuenburg (1287 – 1303) die Stadt an sein eigenes Domkapitel. Da die Kapitelherren aus dem Kapitelsbesitz ihre reich dotierten Pfründen bezogen, waren sie an einer Förderung der Stadt lebhaft interessiert. Mit nur wenigen Unterbrechungen übte das Kapitel mehr als 500 Jahre lang die Herrschaft über die Stadt aus. Nur in Zeiten knapper Finanzen wurde Ochsenfurt verpfändet, unter anderem an den Deutschen Orden, die Herzöge von Sachsen oder den Mainzer Erzbischof. Jedes Mal konnte das Kapitel die Stadt aber wieder zurückkaufen. Die verkehrsgünstige Lage am Fluss, den an diesem Ort eine alte Heer-, Handels- und Pilgerstraße kreuzte, ließ reiche Einnahmen durch den dortigen Hafen, aus Zöllen und Geleitsgeldern erwarten. Eine Furt erlaubte die einigermaßen sichere Überquerung des Mains mit Ochsenfuhrwerken. Dies gab der Stadt auch den Namen, den sie im Übrigen mit berühmten Orten wie Oxford oder dem Bosporus teilt.

Das Domkapitel sorgte auch für die Förderung städtischer Strukturen. Schon ab dem Beginn des 14. Jahrhunderts bildete sich ein bürgerlicher Rat von zunächst sechs, dann zwölf Schöffen, die Verwaltung und die niedere Gerichtsbarkeit ausübten. Bald danach wurde Ochsenfurt mit einer wehrhaften Befestigung umgeben, die in Form eines regelmäßigen Rechtecks eine

Rechte Seite: Klingentor in der Hauptstraße, errichtet 1307 mit Erhöhung und Kuppeldach von 1598

Oechsner Pils
Oechsner Pils

PURZL
ZIMMER

Fläche von 400 mal 500 Metern umfasste. Bis heute ist sie eines der markanten Wahrzeichen der Stadt. Im Graben kann man den durchgehenden Mauerring mit zahlreichen Wehrtürmen komplett umwandern. Während in den meisten Städten nach Beginn der Industrialisierung die alten Toranlagen für den aufkommenden Verkehr niedergelegt wurden, besitzt Ochsenfurt heute noch drei seiner ursprünglich vier Stadttore. Das zum Main hin gelegene Untere Tor hat eine dreifach gesicherte Bastion. Im inneren Bollwerk ist eine bei Stadtfesten noch genutzte Freilichtschmiede untergebracht. Am massiven Turm des Oberen Tores sind noch dic Klauensteine zu sehen, durch die im Gefahrenfall ein schweres Fallgatter den Eingang verschloss. Nach Würzburg zu sicherte das Klingentor die Stadt. In seinem hohen Torturm befindet sich heute eine etwas rustikale, aber gewiss einzigartig gelegene Jugendherberge. Unter den zahlreichen Wehrtürmen sind der Taubenturm am Unteren Tor, der Dicke Turm und der Nikolausturm am domkapitelschen Palatium, der Centturm und der früher als Munitionslager und Gefängnis dienende Pulverturm besonders auffällig.

Nach dem Spaziergang um die Mauern sollte man die Stadt einmal der Länge und der Breite nach durchqueren. Besonders beeindruckend ist die Hauptstraße. Sie wird von malerischen Fachwerkhäusern flankiert, die meist aus der Blütezeit der Stadt vom 15. bis zum 18. Jahrhundert stammen. Geschnitztes Balkenwerk, geschmiedete Aushänger der Geschäfte und Wirtschaften sowie Heiligenfiguren zieren die mehrstöckigen, eng aneinander stehenden Bürgerhäuser, die ganz besonders gegenüber der Stadtpfarrkirche das typische Bild einer fränkischen Stadt repräsentieren. Nicht umsonst sind sie als Ensemble in die Bayerische Denkmalliste eingetragen.

Eine Besonderheit sind die zwei Rathäuser an den gegenüberliegenden Enden der Hauptstraße. Nach Westen hin steht, leicht zurückversetzt, das Alte Rathaus. Das Erdgeschoss diente

Linke Seite, oben: Fachwerkzeile an der Hauptstraße
Linke Seite, unten: Pranger am Alten Rathaus

ursprünglich als Markthalle. Zur Hauptstraße hin verdeutlicht ein Pranger mit Halseisen das Gerichtsrecht des Rates.

Der massive, aber einfache Bau genügte um die Wende zur Neuzeit dem gestiegenen Repräsentationsstreben des Rates nicht mehr. So wurde am östlichen Ende der Hauptstraße ab 1484 ein neues Rathaus errichtet. Der 1515 vollendete gotische Bau besitzt eine Freitreppe mit einer Brüstung aus steinernem Maßwerk. Besonders auffällig ist ein zur Marktplatzfront hin hoch aufragendes Lanzentürmchen.

1560 baute der Würzburger Uhrmacher Hans Sycher dort eine astronomische Uhr mit Figurenspiel ein, das zu jeder vollen Stunde zwei Ochsen bewegt, die mit den Hörnern aneinander schlagen. Die Uhr darunter zeigt die Mondphasen an. Ein Knochenmann wendet als Zeichen irdischer Vergänglichkeit ein Stundenglas. Neben ihm öffnen sich zwei Fenster, aus denen Ratsherren auf den Markt herabblicken. Mit dem Glockenschlag bewegt auch ein möglicherweise von Tilman Riemenschneider geschaffener bärtiger Bürgermeisterkopf den Mund, während am unteren Ende des Türmchens eine Jungfrau mit dem fränkischen Wappen erscheint. Einen Pranger hat das Neue Rathaus nicht mehr. Dafür befindet sich unter der Freitreppe ein karzerähnliches „Narrenhaus". Hier wurden kleine Sünder, die dem auf Ruhe und Ordnung bedachten Rat durch Lärmen, Fluchen oder übermäßiges Trinken unangenehm aufgefallen waren, zur Buße und Abschreckung öffentlich eingesperrt. Eine Inschrift über dem Fenster mahnt die braveren Bürger: „hut dich und gee nit aus, der greift man dich, man legt dich ins narenhaus".

Über dem deutlich höher gelegenen Südwestende der Stadt thront ein die Stadtmauer noch weit überragendes Gebäude, das schon auf den ersten Blick die herrschaftlichen Verhältnisse deutlich macht: das Palatium des Domkapitels. Hier hatten die Verwalter des Domkapitels ihren Amtssitz. Schon die Grö-

Linke Seite, oben: Lanzentürmchen am Rathaus mit astronomischer Uhr
Linke Seite, unten links: Bürgermeisterkopf
Linke Seite, unten rechts: Blick auf Stadtmauer mit dem Pulverturm an der Südwestecke, dahinter das Palatium des Domkapitels

ße des Gebäudes, in dem die Abgaben der Stadt eingingen, zeigt die Bedeutung Ochsenfurts für das Kapitel. Während der Auseinandersetzungen mit seinem Bischof hatte das Kapitel 1433 sogar einmal seinen Sitz hierhin verlegt. 1405 wurde es errichtet; um 1500 und noch einmal 1714 erhielt das dreigeschossige Hauptgebäude mit figurenbesetzten Treppengiebeln seine heutige Gestalt. Im Erdgeschoss befindet sich eine große Halle mit Kreuzrippengewölben. Heute beherbergt das Palatium die Dienststelle Ochsenfurt des Landratsamts Würzburg.

Etwas unterhalb und einige Meter über der Hauptstraße gelegen lohnt die Stadtpfarrkirche St. Andreas einen Besuch. Sie wurde 1288 geweiht und im 14. Jahrhundert mit einem dreischiffigen Langhaus mit stark überhöhtem Mittelschiff erweitert. Ein feingliedriges Sakramentshäuschen am linken Chorbogen erinnert an die Nürnberger Arbeiten des Adam Kraft. Spätgotisch ist auch der Chorbogenkruzifixus sowie weitere Plastiken an den Säulen des Kirchenschiffs und den vielen Nebenaltären und Kapellen. Am Altar der Nikolauskapelle befindet sich eine der bekanntesten Holzarbeiten Tilman Riemenschneiders, ein farbig gefasster heiliger Nikolaus. Kurze Zeit später entstand ein bronzenes Taufbecken, das mit seinen Reliefeldern aus der Werkstatt des Nürnberger Rotschmieds und Bronzegießers Peter Vischer (um 1455 – 1529) stammt. Gleich neben der Stadtpfarrkirche steht die hohe, lichte und feingliedrig eingewölbte Michaelskapelle. Man betritt sie über eine zweiläufige Freitreppe unter einem Tympanonrelief des jüngsten Gerichts. Auch sie verrät den Einfluss der Nürnberger Spätgotik: Lorenz Pauer, der auch an der Nürnberger Lorenzkirche mitgearbeitet hatte, erbaute sie im Jahr 1400; der neugotische Altar birgt eine spätmittelalterliche Steinmadonna und belebte Holzfiguren, die den Arbeiten des Veit Stoß (um 1447 – 1533) nahestehen.

Über die Brückenstraße, an der wieder prächtige Fachwerkhäuser stehen, oder hinab durch die kleineren Gässchen, deren zahlreiche Einzelbaudenkmäler immer wieder zum Stehenbleiben einladen, gelangt man schließlich an die Mainuferstraße, deren Mauer die Stadt zum Fluss hin abschloss. Dort beginnt der Anstieg zur Alten Mainbrücke. Sie war ursprünglich durch ein leider abgerissenes Brückentor direkt in die mittelalterliche Befestigung miteinbezogen. Die mehrbogige Steinbrücke löste ab 1512 eine ältere Brücke aus Stein und Holz ab. Die 1945 von deutschen Truppen vor dem Einzug der Amerikaner noch sinnlos gesprengte Brücke ist nach einer umfassenden Restaurierung erst seit Kurzem wieder für den Verkehr freigegeben. Überquert man die Brücke, bietet sich ein wunderbarer Blick über Fluss, Stadt und umrahmende Weinberge. Ein paar Schritte weiter steht das „Schlösschen", eine ehemalige kleine Burganlage zum Schutz des Flussübergangs. Hierbei handelt es sich um einen zweigeschossigen Rechteckbau mit kräftigen Mauern, die im Kern aus dem 14. Jahrhundert stammen. Heute befindet sich das Heimatmuseum darin. Am Schlösschen vorbei gelangt man in die Spitalgasse. Dort sollte man noch die Spitalkirche und den Spitalhof ansehen, die dem 15. bis 17. Jahrhundert entstammen. Nach ausgiebigem Streifzug durch die Stadt fehlt nur noch ein Ausflug in die fränkische Ess- und Trinkkultur. Zahlreiche Gaststätten bieten neben moderner auch traditionelle fränkische Küche. Außer Frankenwein hat Ochsenfurt mit Öchsner- und Kauzen-Bräu auch noch zwei eigene Brauereien zu bieten. Kauzen-Bräu unterhält einen Muster-Hopfengarten, in dem zur Erntezeit auch Mitzupfen möglich ist; das Museum der Brauerei Oechsner kann auf Anfrage besichtigt werden.

Ochsenfurt ist eine recht lebendige Stadt, was sich auch an den vielen, keineswegs nur auf touristischen Zustrom berechneten Festen zeigt. Ein Besuch lohnt sich etwa zu den vielen Märkten (Frühlingsmarkt am letzten Sonntag im April, Sommermarkt am Sonntag vor dem Johannistag am 24. Juni, Herbstmarkt am zweiten Sonntag im September, Wintermarkt am Sonntag nach Allerheiligen am 1. November). Besonders lebendig wird es zum Bratwurstfest vom Pfingstsamstag bis Dienstag nach Pfingsten, zum Weinfest im Stadtgraben Ende Juli und zum Ochsenfest am Samstag vor dem Herbstmarkt, wo alljährlich ein ganzer Ochse am Spieß gebraten wird.

Hervorzuheben sind auch die vielen kleineren Museen der Stadt. Das Trachtenmuseum im Greisinghaus belegt den Reichtum der Ochsenfurter Gautracht, eine der schönsten Trachten Frankens. Das Heimatmuseum im Schlösschen informiert über Stadtgeschichte, Weinbau, Handwerk und Zunftwesen. Das Triasmuseum beschäftigt sich mit Geologie, Fossilien und Steinmetzarbeit. Darüber hinaus gibt es noch ein Feuerwehrmuseum und ein Schulmuseum, das leider derzeit auf der Suche nach einer neuen Bleibe ist. Die verkehrsgünstige Lage gibt Anschluss an ein gut ausgebautes Wegenetz für Fuß- und Radwanderer entlang des Mains oder über die Hochflächen des Ochsenfurter Gaus. Eine Anlegestelle macht die Stadt auch zum Zielpunkt für Wasserwanderer. An Zielen in der Umgebung bietet sich die Kartause Tückelhausen an oder die Wolfgangskapelle, die neben der vielbefahrenen Bundesstraße 13 einen Ort des Rückzugs und der Ruhe bietet. Seit 1466 pilgern die Anhänger des Regensburger Bischofs Wolfgang in das von alten Bäumen und drei Bildstöcken umstandene und bis heute unverändert erhaltene Kleinod auf der Anhöhe über dem Main. Im zweijährigen Abstand (jeweils in den ungeraden Jahren) findet dort am Pfingstmontag der St. Wolfgangsritt statt.

OCHSENFURT

Informationen sind erhältlich bei der Tourist-Information Ochsenfurt (Hauptstraße 39, 97199 Ochsenfurt, Tel. 09331 5855, E-Mail: tourist-info-ochsenfurt@t-online.de).

Heimatmuseum im Schlösschen und Trachtenmuseum im Greisinghaus: Brückenstraße 26 und Spitalgasse 13, 97199 Ochsenfurt; Öffnungszeiten: Ostersamstag bis einschließlich Allerheiligen, Samstag, Sonn- und Feiertage 14.30 bis 16.30 Uhr; Eintritt 1 Euro, Kinder frei, jeden ersten Sonntag im Monat freier Eintritt.

Über die Öffnungszeiten der anderen Museen (z.B. Triasmuseum in der Würzburger Straße 88) oder über Sonderöffnungen und Führungen informiert die Homepage der Stadt www.ochsenfurt.de unter „Kultur & Freizeit/Museen“ oder die Tourist-Information.

Die Kartause in Tückelhausen

Die Reformorden des hohen Mittelalters strebten nach asketischer Reinheit und einer strengen Regelauslegung. Zu enge Verbindungen zur Außenwelt lehnten sie ab. Oft suchten sie daher für ihre Klostergründungen gezielt abgelegene Gegenden. Dies trifft auch auf das Kloster Tückelhausen zu. Das heute zu Ochsenfurt gehörende Dorf Tückelhausen mit knapp 300 Einwohnern verdankt seine Entstehung erst dem Kloster. Kaum ein anderer Ort ist noch heute so sichtbar mit der Geschichte eines Klosters verbunden. Ganze zwei Straßen gibt es im Altort: Die Kartäuserstraße erschließt das Dorf; die Konventstraße umfasst die ehemaligen Kartausen der Mönche. Und kaum sonst irgendwo ist der typische Charakter eines Klosterdorfes und der einer Kartause so glücklich erhalten geblieben.

Abgeschieden waren die bescheidenen Anfänge des klösterlichen Lebens tatsächlich. Vom Tal des Mains aus erreichte man den Ort durch ein kleines, enges Flusstal. Der Thierbach, im Urkataster auch Dürrbach genannt, führte reichlich Wasser. Von den Hochflächen des Ochsenfurter Gaus nahm er auch noch den von Acholzhausen zuströmenden Mühlbach auf. Ganze vier Mühlen trieb das Wasser auf den drei Kilometern zwischen Kloster und Main an. Auf einem Bergsporn, den der Thierbach umfloss, hatten spätestens im 11. Jahrhundert einige fromme Frauen und Männer Klausen errichtet. Sie lebten wohl nach der Augustinerregel und pflegten die Verehrung des heiligen Lambert. Dem 705 wegen seiner Verteidigung der Rechte seiner Kirche gegen das Merowingische Königtum erschlagenen Lütticher Bischof und Märtyrer errichteten sie eine Wallfahrtskirche. Sein Kult erlebte im 11. und 12. Jahrhundert eine Renaissance. Lambertus-Reliquien wurden nach Schaffhausen, Zwiefalten, Petershausen bei Konstanz und nach Freiburg im Breisgau verbracht. In Tückelhausen wurde der Berg nach dem Heiligen Lambertusberg benannt, auch ein Weg trägt seinen Namen. Aus der losen Eremitengemeinschaft formte schließlich Bischof Otto von Bamberg (1102 – 1139) um 1138 ein Prämonstratenserkloster – eine seiner zahlreichen Klostergründungen außerhalb des Bamberger Bistums. Auch wenn die noch kaum erschlossenen, aber

Links oben: Die beeindruckende Front der Kartause vom Thierbachtal aus gesehen
Rechts oben: Klosterkirche Tückelhausen mit Portal aus der späten Echter-Zeit

sehr fruchtbaren Hochflächen des damaligen Badanachgaus südlich des Klosters reichlich Raum für Entwicklung und Landesausbau ließen, kam das Prämonstratenserkloster doch nicht recht in Schwung. Zeitweise musste es den Prämonstratensern in Oberzell bei Würzburg unterstellt werden. Die anfangs noch bestehende Doppelgemeinschaft in einem Frauen- und einem Männerkonvent passte bald nicht mehr zur Ordenspolitik. Erst wurden die Damen nach Lochgarten bei Mergentheim versetzt, nach einer erneuten Aufnahme von Prämonstratenserinnen aus dem Stift Michelfeld bei Kitzingen mussten schließlich 1307 die Männer aus disziplinarischen Gründen nach Oberzell umziehen. Kurz nach der Pest von 1348 lösten schließlich die Oberzeller das Kloster ganz auf und verkauften den Besitz an den Würzburger Domdekan Eberhard von Riedern (gest. 1351).

Aus seinem Erbe wurde dann 1351 die bestehende Anlage in ein Kartäuserkloster umgewandelt. Als Cella Salutis – Zelle des Heils – unterhielt der Besitz seither zwölf Mönche und einen Prior. Die neue Ordensregel erforderte einen kompletten Umbau der Gebäude. Denn Kartäuser leben nicht in einem Konventsbau zusammen, sondern jeder Mönch bewohnt eine

Das Kircheninnere: romanischer Grundriss mit spätgotischen Umbauten, barocke Kanzel, Rokoko-Altar und Chorgestühl

eigene kleine Zelle, ein Häuschen mit Garten, in der er schweigend seinen Arbeiten, Handwerk oder Abschreiben von Büchern, nachgeht und seine Gebete verrichtet. Nur zur Vigil und Matutin (Morgenmesse) und zur Vesper ging man geschlossen in die Kirche. So wurden die Häuschen der Mönche im Osten der Kirche um den Kreuzgang herum errichtet. Heute sind sie in Privatwohnungen umgewandelt. Der Charakter einer kleinen mönchischen Reihenhaussiedlung ist aber noch gut erkennbar. Ein in die Wand eingelassenes Relief des heiligen Hieronymus im Gehäus, wie er einem Löwen predigt, erinnert an die eremitische Askese der Mönche. Durch den Kreuzgang gelangten die Mönche auch in die Kirche. Der ältere romanische Bau wurde ebenfalls grundlegend umgestaltet. Ein Lettner, dessen Spuren heute noch sichtbar sind, trennte das Langhaus ab, das als Dorfkirche diente. Im Chor und den beiden Querhäusern wurden Kapitelsaal, Archiv, Bibliothek und ein Oratorium für die Mönche eingezogen.

Nach einer Blüte im 15. Jahrhundert erlebte die „Zelle des Heils“ mehrere schwere Krisen in der Reformation, im Bauernkrieg 1525, im Markgräflerkrieg 1552 und im Dreißigjährigen Krieg. Eine große Grundherrschaft und der ertragreiche Weinbau an den Hängen des Thierbachtals verhalfen der Gemeinschaft jeweils wieder zu neuer Blüte. Schon kurz vor dem Dreißigjährigen Krieg wurde die Klosterkirche im Stil des Manierismus neu gestaltet. Aus dieser Zeit stammt das reiche Klosterportal an der Westfassade der Kirche. Ab 1694 wurde praktisch das gesamte Kloster neu errichtet. Beginnend mit den Wirtschaftsgebäuden folgte 1700 und 1724 ein riesiger Weinkeller, ein neues Prioratsgebäude und ein Gästeflügel. Die 65 mal 90 Meter große, mehrstöckige Anlage in Form eines unregelmäßigen Rechtecks schließt sich im Südwesten an die Klosterkirche an. Im großzügigen Innenhof stehen zwei barocke Brunnen. Der mächtige und repräsentative Bau, der von Wohlstand und Reichtum kündet, bildet einen eindrucksvollen Kontrast zu den kärglichen Zellen der Mönche, die dies alles erwirtschafteten.

Diesen Kontrast spiegelt auch das Innere der Klosterkirche wider. Die in den Grundzügen romanische Kirche mit eingezogenen gotischen Fenstern und Kreuzrippengewölbe entspricht der Schlichtheit der Reformorden. Doch die Innenausstattung zeigt auch Reichtum und Selbstbewusstsein des Ordens. Eine riesige barocke Kanzel mit Figuren der vier Evangelisten ragt

Links oben: Hieronymus im Gehäus
Rechts oben: Portal zum Klosterhof

tief in das schmale und ansonsten fast schmucklose Langhaus hinein. Im ehemals durch einen Lettner abgetrennten Bereich der Mönche herrscht die Prachtentfaltung des Rokoko. Am aufwendig geschnitzten Chorgestühl kann man leicht die maximale Zahl der Kartäuser abzählen, die hier zum Gebet zusammenkamen. Der Hochaltar, der den gesamten Chorraum ausfüllt, kam 1758 aus der Werkstatt des Würzburger Hofbildhauers Wolfgang van der Auwera (1708 – 1756), Andreas Urlaub und Franz Erasmus Asam (1720 – 1795) schufen die Altarbilder.

Die Säkularisation bereitete 1803 dem Klosterleben ein Ende. Die Kirche dient heute als Pfarrkirche, die kleinen Kartäuserzellen werden von Privatleuten bewohnt und auch die ehemaligen Klostergebäude werden überwiegend privat genutzt. Ab 1947 hatte z.B. der Künstler Karl Clobes (1912 – 1996) in der ehemaligen Bibliothek sein Atelier eingerichtet. Zahlreiche Kirchen im süddeutschen Raum wurden von ihm künstlerisch gestaltet. Kirche und Innenhof der Anlage sowie die heute auf öffentlichem Grund liegenden ehemaligen Mönchszellen um die Konventstraße stehen jedoch der Besichtigung offen. Durch die Initiative des Ortspfarrers Robert Rackowitz wurde ein Kartausenmuseum eingerichtet, das 1997 von der Diözese Würzburg übernommen und durch eine Sammlung von Werken fränkischer Künstler der Nachkriegszeit erweitert wurde.

Das Kartausenmuseum erstreckt sich über zwei ehemalige Mönchszellen, Kreuzgang, Zwischengeschoss, Kapitelsaal und ehemalige Bibliothek. Gezeigt werden das mönchische Leben der Kartäuser u.a. mithilfe der Rekonstruktion einer Mönchszelle mit Essensdurchreiche, Haupt- und Arbeitsraum sowie angrenzendem Garten. Weitere Schwerpunkte gelten der Rekonstruktion der Gesamtanlage, dem Leben des Ordensgründers Bruno, der Buchkultur und dem Archiv der Kartäuser. Die Kunstsammlung zeigt vorwiegend moderne Arbeiten fränkischer Künstler, die sich seit 1945 mit der Innenausstattung von Kirchen in der Diözese Würzburg beschäftigten.

Ein Kartäuserkloster, das heute als Museum fungiert, gibt es auch in Astheim, einem kleinen Dorf am gegenüberliegenden Mainufer von Volkach, das man in einer schönen Tour von Ochsenfurt aus mainaufwärts über Kitzingen erreicht. In der dortigen Kartause ist heute ein Museum für fromme fränkische Volkskunst untergebracht.

An Tückelhausen führte die Gaubahn vorbei, eine 36,5 km lange Nebenstrecke der Bayerischen Staatseisenbahnen. Seit 1907 verlief sie von Ochsenfurt zunächst bis Röttingen, später mit Erweiterungen nach Weikersheim, wo sie Anschluss an die Taubertalbahn fand. Eine Abzweigung führte nach Creglingen. Die eingleisige und nie elektrifizierte Strecke diente vor allem dem Transport der im Ochsenfurter Gau angebauten Zuckerrüben, die nach dem Ende des Personenverkehrs 1974 noch bis 1992 auf der Schiene in die Ochsenfurter Zuckerfabrik gelangten. Die Strecke wurde großteils abgebaut. Die alte Trasse kann man zwischen Ochsenfurt und Röttingen nun aber auf einem gut beschilderten „Gaubahnradwanderweg“ abfahren, der am Ochsenfurter Bahnhof beginnt. Wer mit dem Rad vom Main zur Tauber will oder ein Faible für alte Bahnstrecken hat, ist hier gut aufgehoben. Manch kleiner Bahnhof erwartet den Radwanderer entlang der Strecke.

Wer mit Auto oder Motorrad unterwegs ist, sollte von Tückelhausen weiter durch das Thierbachtal, den Ochsenfurter Gau durchquerend südwärts in Richtung Gollachgau fahren. Die Fahrt führt durch schöne kleine Dörfer, von denen in der leicht hügeligen Landschaft aus fruchtbaren Lößböden von Weitem meist nur die Kirchturmspitzen zu sehen sind. Manches Dorf zeigt noch heute alten Wohlstand in großen Zehntscheuern, herrschaftlichen Amtshäusern oder sogar kleinen Rathäusern. Bemerkenswert sind die vielen Flurdenkmäler. In jedem Ort, an vielen Ackerfluren und an Wegkreuzungen stehen steingewordene Zeugen der Volksfrömmigkeit. Die Gegend südlich von Ochsenfurt zählt zu den bildstockreichsten in ganz Franken.

TÜCKELHAUSEN, KARTAUSE

Das Kloster ist gut ausgeschildert und in Tückelhausen nicht zu übersehen. Parkplätze gibt es gegenüber dem Portal zum Klosterhof. Kirche und Klosterhof sind frei zugänglich.

Kartausenmuseum: Konventstraße 3, 97199 Ochsenfurt; Öffnungszeiten: 1. Mai bis 31. Oktober, Samstag, Sonn- und Feiertage 14 bis 17 Uhr, Sonderöffnungszeiten und Führungen sind vereinbar unter Tel. 0931 38665600 oder E-Mail: museen@bistum-wuerzburg.de; Eintritt 2 Euro, ermäßigt 1,50 Euro.

Rechte Seite: Auf der Empore der Spitalkirche

Das Fränkische Spitalmuseum in Aub

An der Gollach, schon nahe an der Landesgrenze zu Baden-Württemberg, liegt etwa auf halbem Weg zwischen Würzburg und Rothenburg ob der Tauber das kleine Städtchen Aub. Während es heute ein wenig abseits der großen Verkehrsrouten gelegen ist, brachten in früheren Zeiten zwei bedeutende Heer- und Handelstraßen zahlreiche Besucher in die Stadt. So verwundert es auch nicht, dass Aub schon seit ca. 1325 das Marktrecht besaß und 1404 von König Ruprecht von der Pfalz das Stadtrecht erhielt. Die Lage an der südöstlichen Grenze des Hochstifts Würzburg machte den Ort für viele Herren interessant. Neben den Herren von Hohenlohe-Brauneck, den Truchsessen von Baldersheim, den Grafen von Hohenlohe und dem Deutschen Orden versuchten auch die Fürstbischöfe von Würzburg ihren Einfluss durch eine wirtschaftliche Förderung der Stadt geltend zu machen. Die Straße durch Aub nutzten auch zahlreiche Pilger auf dem Weg nach Rom oder nach Santiago de Compostela. Ihnen bot direkt am Eingang der Stadt ein Spital mit Pilgerherberge Verpflegung und Unterschlupf.

Das Anwachsen der Auber Bürgerschaft, die im Spätmittelalter zunehmenden Pilgerströme, vor allem aber der Eindruck der Pest, die ab 1347 ganz Europa heimsuchte, hatten um 1350 Gottfried II. von Hohenlohe-Brauneck zur Gründung eines Spitals bewogen. Wenigstens zwölf Arme und Bedürftige sollten hier gepflegt werden. Reiche Bürger konnten sich durch Zustiftungen einen Pflegeplatz im Alter erwerben. Versorgt wurden auch „würdige Arme“ außerhalb des Spitals. Durchziehende Handwerksburschen, Bettler und vor allem die Pilger erhielten Spenden, Herberge oder wenigstens eine Mahlzeit an der Spitalpforte. Über die Jahrhunderte kam ein ansehnlicher Stiftungsbesitz zusammen. Über 600 Morgen Wald- und Ackerland finanzierten die sozial-karitativen Aufgaben. Die Anlage des Stiftungskapitals in Landbesitz erhielt das Spital trotz aller wirtschaftlicher Krisen und Geldentwertungen am Leben. Erst 1968 wurde der Betrieb eingestellt, nachdem in der Nachkriegszeit noch Flüchtlinge im Spital Aufnahme gefunden hatten. Die Spitalstiftung wurde erst 1978 aufgelöst – nach ei-

Blick in die Spitalkirche

ner über 620-jährigen Geschichte. Eine in den alten Räumen eingerichtete Sozialstation hält die Tradition am Ort bis in die Gegenwart lebendig.

Seit dem Jahr 1602 verwalteten die Truchsesse von Baldersheim das Spital. Da das Gebet für die Stifter zu den Pflichten der Pfründner zählte (und das Seelenheil der Stifter und deren dauerhaftes Andenken zu den Stiftermotiven zählte) ließen sich einige auch im Spital bestatten. Ihre Epitaphien finden sich noch heute im Chor der Spitalkirche, die aus der Gründungszeit stammt. Nach dem Aussterben der Baldersheimer übernahm das Hochstift Würzburg das Spital. Fürstbischof Julius Echter ließ nach einer gründlichen Reform der Stiftung in den Jahren von 1594 bis 1605 die Kirche erweitern und den großen, zweigeschossigen Pfründnerbau errichten. Sein Wappen ziert zusammen mit dem der Baldersheimer noch heute den Eingang. Im Obergeschoss lebten die reicheren Pfründner. Sie hatten eine eigene Küche und speisten am Tisch des Verwalters.

Im Untergeschoss lebten in einfachsten Kammern die armen Pfründner. Durch kleinere Arbeiten versuchten sie zum Unterhalt beizutragen.

Im Spital verbrachte auch Johann Georg Auwera seine letzten Lebensjahre. Er war der letzte Sproß einer herausragenden Bildhauerfamilie, die in ganz Franken mit Altären, Bildstöcken und Heiligenfiguren präsent ist. Von seiner Hand stammen unter anderem der Orgelaltar in Gollhofen, Altäre in Gaubüttelbronn und Aufstetten, die Kanzel in Gaukönigshofen und die Seitenfiguren in der Auber Stadtpfarrkirche. Nach einem Leben als Bildhauer, Wirt der Gaststätte zum Schwanen in Aub und Besitzer einer Ziegelhütte verarmte er im Alter. Am 29. Januar 1823 verstarb er als einfacher Spitalspfründner.

Alltagsgerät aus dem Leben der Pfründner

Seit 2004 ist das Auber Spital als Museum wieder zugänglich. Es zählt zu den kleineren, aber unbedingt sehenswerten Museen der Region. In zahlreichen Räumen erhält der Besucher Einblicke in die Spitalgeschichte, den Alltag der Pfründner, die Spitalwirtschaft und das geistliche Leben der Spitalpfarrei. Neben Alltagsgegenständen, etwa Geschirr oder medizinischem Gerät aus allen Epochen der Spitalgeschichte, finden sich auch einige außergewöhnliche Objekte. Aus dem 19. Jahrhundert haben sich die nummerierten Bierkrüge der Pfründner erhalten, von der Blütezeit der Stadt im 14. und 15. Jahrhundert zeugen Münzfunde. Siegel, Zunfttruhen und Rechnungen künden von vergangenem Wirtschaftsleben, der Kirchenschatz vom Wohlstand der Spitalspfarrei. Zu den beeindruckendsten Ausstellungsstücken zählt der Kopf einer Heiligen aus der Münsterkirche, eine sehr zarte Bildhauerarbeit aus spätstaufischer Zeit,

Linke Seite: Stauferzeitliche Porträtbüste aus dem Spitalmuseum

deren Stil dem Bamberger Reiter nahesteht. Genauso alt ist ein Aquamanile in Form eines Hundes, noch älter ein einzigartiger spätromanischer Kochtopf mit einem Deckel in Form eines witzigen, spitzbehüteten Männerkopfes, in dessen Inneren ein eingebautes Kugelventil ein Trillergeräusch von sich gab, wenn der Siedepunkt erreicht war. Der alte Pfründnerbau selbst ist ebenfalls ein beeindruckendes Zeugnis für die private Sozialfürsorge vergangener Zeiten. Auch wenn die Pfründner ein kärgliches Leben führten, so wurden sie doch von einer Gemeinschaft getragen, die sich nicht nur um Krankenfürsorge und Pflege kümmerte, sondern auch um die seelischen Bedürfnisse. Selbst vom Krankenbett aus konnten die Bettlägerigen über ein Fenster zur Spitalkirche an den Gottesdiensten teilhaben.

Koch- und Essgeschirr der Spitalinsassen, darunter (oben Mitte) ein spätmittelalterlicher „Dampfkochtopf"

In der ehemaligen Sakristei finden sich Fragmente eines Epitaphs für Jörg II. Truchsess von Baldersheim aus der Riemenschneider-Schule. Die historistische Neuausstattung der gotischen Spitalkirche geht eine von der langen Kontinuität zeugende Verbindung ein mit einer spätmittelalterlichen Pieta, an die sich die Gebete der Pfründner richteten, und mit den Grabdenkmälern der Stifter an den Wänden des Kircheninneren, die das Spital einrichteten und am Leben erhielten. Ein Geheimtipp für Historiker ist das Archiv: Eine derart vollständige Überlieferung eines Spitalarchivs von der Gründung über eine 600-jährige Geschichte hinweg findet sich am Ursprungsort nur selten.

Auch das Städtchen Aub hat einen Besuch verdient. Vom Spitalgarten eröffnen sich durch einen Mauerdurchbruch Spazierwege in den Auen der Gollach. Die fast vollständig erhaltene Stadtmauer mit zahlreichen Wehrtürmen umrahmt ein Ensemble, in dem noch viele spitzgiebelige Fachwerkhäuser einen Eindruck von einer aufstrebenden spätmittelalterlichen Handelsstadt bieten. Der weitläufige Marktplatz mit Marktbrunnen und einer barocken Mariensäule gab Handel und Gewerbe einst viel Raum. Am spätgotischen Rathaus von 1489 ist noch ein Pranger mit Halseisen als Zeichen mittelalterlicher Gerichtsbarkeit zu sehen. Die spätgotische Pfarrkirche lohnt ebenfalls einen Besuch: Sie beherbergt unter anderen Kunstschätzen eine Kreuzigungsgruppe von Tilman Riemenschneider. Am höchstgelegenen Ende der Stadt liegt das Auber Schloss, eine ehemals Hohenlohische Burg, von der aus die Truchsessen von Baldersheim das Städtchen verwalteten. Nach dem Übergang an das Hochstift Würzburg wurde die Burg als Renaissanceschloss von Fürstbischof Julius Echter neu errichtet. Es kennzeichnete die Bedeutung Aubs in der frühen Neuzeit als Amtssitz und Verwaltungszentrum im Südosten des Hochstifts; spätere Fürstbischöfe nutzten es auch als Jagdschloss. Im Schlossgarten finden jährlich, meist Ende Juli, die Auber Ritterspiele statt, die sich vor ähnlichen Veranstaltungen dieser Art mit Markttreiben und Spielleuten vor allem durch die spektakulären Kampfkunstvorführungen auszeichnen. Seit dem Spätmittelalter war Aub auch ein Zentrum jüdischen Lebens in Franken. Eine Judengasse erinnert noch daran. An der Hauptstraße, Ecke Neudertgasse befand sich bis 1744 die alte Synagoge; der Neubau stand in der Neubaugasse 12. In der frühen Neuzeit war die jüdische Gemeinde in das städtische Leben gut integriert: Eines der prachtvollsten Häuser am Markt trägt an seinem wunderbar gearbeiteten Renaissance-Portal die Spur einer Mesusa. Auf dem jüdischen Friedhof am Harbachweg finden sich zahlreiche Namen berühmter jüdischer Familien wie Oppenheimer, Mandelbaum, Mann-

heimer oder Schönfärber. Wer nach dem Besuch von Spital und Stadt noch Zeit hat, findet auch in der Umgebung lohnenswerte Ziele. Etwa 1 km südlich des Stadtteils Burgerroth liegt auf der Anhöhe über der Gollach die aus dem frühen 13. Jahrhundert stammende Kunigundenkapelle. Sie ist der heiligen Kunigunde gewidmet, der Gemahlin Kaiser Heinrichs II. Unter einer Tausendjährigen Linde vor der Westseite der Kapelle findet man einen schattigen Rastplatz. Das Innere ist geprägt von einer tonnengewölbten Unterkirche und wertvollen Freskenresten. Eine romanische Außenkanzel verweist auf die Vergangenheit als Wallfahrtskapelle. Noch heute führt mit dem Kunigunden- oder Bamberger Weg ein Pilgerpfad über Aub, Bullenheim und Schlüsselfeld weiter nach Burgebrach und durch den Steigerwald in Richtung Bamberg. Er eignet sich auch als Wander- oder Radfahrroute.

Von Aub aus empfiehlt sich außerdem ein Besuch der zum Ortsteil Baldesheim gehörenden Reichelsburg. Sie diente seit ca. 1230 den Herren von Hohenlohe-Brauneck als Stammsitz, ging nach deren Aussterben 1390 zunächst an das Hochstift Bamberg, dann durch Tausch an das Hochstift Würzburg über. Die Reichelsburg diente als Verwaltungszentrum Würzburger Amtleute und als Hochstiftsburg zur Absicherung des Stiftsterritoriums gegen die nahen Markgrafen von Ansbach. Im Bauernkrieg schwer beschädigt bieten die heute noch bis zu 10 m hoch aufragenden Ruinen mit einem über 20 m hohen Bergfried ein beeindruckendes Bild mittelalterlicher Wehrhaftigkeit.

FRÄNKISCHES SPITALMUSEUM

Öffnungszeiten: 1. April bis 31. Oktober, Freitag bis Samstag, Sonn- und Feiertage 13 bis 17 Uhr; Einritt 2 Euro, ermäßigt 1,50 Euro, Schüler und Jugendliche 0,50 Euro. Gesonderte Öffnungen und Führungen für Gruppen sind über den Fränkischen Heimatverein zu organisieren (Tel. 09335 1803), Auskünfte erteilt auch die Stadtverwaltung Aub, Tel. 09335 97100 oder E-Mail: info@spitalmuseum.de.

Die Achatiuskapelle in Grünsfeldhausen

Im Tal des Grünbachs liegt am Rand des kleines Örtchens Grünsfeldhausen eine ungewöhnliche Kirche. Die Achatiuskapelle besteht aus zwei Oktogonen, von denen das größere mit etwa zehn Metern Durchmesser als Kirchenschiff dient. Das im Nordosten angebaute kleinere Oktogon mit nur vier Metern Durchmesser diente als Altarraum. Über dem breiten Durchgang zwischen den zwei Oktogonen erhebt sich ein schmaler und nahezu minarettähnlicher Turm.

Viele Rätsel ranken sich um die Achatiuskapelle. Sie soll über einem alten Quellheiligtum errichtet worden sein. Ausgrabungen im größeren Oktogon, bei denen ein Brunnen gefunden wurde, scheinen dies zu bestätigen. Stifter und Auftraggeber sind nicht bekannt. Der sehr regelmäßige, überwiegend schmucklose Bau, der als einziges Zierelement einen durchgehenden romanischen Rundbogenfries besitzt, wurde vermutlich in den Jahren 1180 bis 1220 von der Bauhütte des nicht weit entfernten Zisterzienserklosters Bronnbach über einem älteren Kirchenbau errichtet. Vor allem die achteckige Form gibt Rätsel auf. Denn außer italienischen Vorbildern und der Pfalzkapelle Karls des Großen in Aachen gibt es nur wenige architektonische Vorbilder. Eine der vielleicht sogar zutreffenden Legenden zur Entstehung geht davon aus, dass hier ein glücklicher Rückkehrer von einem Kreuzzug ins Heilige Land eine Nachbildung der Grabeskirche in Jerusalem schaffen wollte. Dafür sprechen auch die ursprünglich 14 Stufen, die vom größeren Oktogon zum Altarraum führten. Sie entsprechen den Stufen zum Berg Golgotha in der Jerusalemer Grabeskirche. Erst lange Zeit nach der Fertigstellung wurde die Kapelle erstmals schriftlich erwähnt. Nach einer Urkunde aus dem Jahr 1362 war sie ursprünglich dem heiligen Bartholomäus und den 10.000 Märtyrern geweiht. Wann das Patrozinium auf den heiligen Achatius überging, liegt im Dunkeln. Er gilt der Legende nach als Anführer einer vom römischen Kaiser Hadrian (117 – 138) nach Armenien entsand-

Rechte Seite, oben: Näpfchenstein an der Westeite der Außenmauer
Rechte Seite, unten: Eines der Glasfenster der Achatiuskapelle mit der Erscheinung des Engels am leeren Grab

ten Legion, die sich in einer Notlage zum Christentum bekannte und dafür auf dem Berg Ararat gekreuzigt wurde. Achatius gehört zu den 14 Nothelfern und wird vor allem in Todesgefahr angerufen. Sein Kult verbreitete sich mit den Kreuzzügen in Europa. Es mag also durchaus sein, dass ein fränkischer Ritter als Teilnehmer am Zweiten oder Dritten Kreuzzug, der vielleicht auch zu den zahlreichen adeligen Förderern des Zisterzienserklosters Bronnbach gehörte, hier eine Kirche aus Dank für seine Rückkehr errichtete – oder dass er für den nicht unwahrscheinlichen Fall seines Todes schon vorher eine Stiftung oder ein Testament für eine würdige Stätte seines Andenkens eingerichtet hatte.

Rätselhaft ist auch ein kleiner, an der westlichen Außenseite der Kapelle eingelassener Stein. Er passt nicht recht zu den sonstigen Quadern und hat acht kleine Vertiefungen. Dieser „Näpfchenstein" wurde schon als mysteriöser, bronzezeitlicher Opferstein, vielleicht noch aus der Zeit des heidnischen Quellheiligtums gedeutet. Nicht wenige solcher Schalensteine in Europa geben vergleichbare Rätsel auf. Nach anderen Theorien handelt es sich um Reste eines jüdischen Chanukka-Leuchters. Diese waren im Mittelalter oft aus Stein gefertigt. In den Näpfchen wurden dann mit Öl und Dochten die Lichter entzündet, um das Chanukka-Fest anzukündigen.

In der Kuppel des kleinen Oktogons finden sich noch Reste von Fresken, die wahrscheinlich einmal den ganzen Innenraum bedeckten. Sie stammen aus dem 12. Jahrhundert und zeigen den thronenden Christus als Weltenrichter und Weltenlenker. Johannes der Täufer und Johannes der Evangelist umstehen den „Christus Pantokrator". Im Westen des Chors ist noch eine Darstellung der Maria als Himmelskönigin zu sehen.

Romantisch versunken wirkt die Kapelle auf den ersten Blick. Von Weitem sieht man nur die oberen zwei Drittel des Baus. Erst beim Nähertreten bemerkt man, dass die ganze Kirche in einer tiefen Senke steht, in die man über eine Rampe hinabsteigt, um zum romanischen Portal zu gelangen. Dies ist allerdings weniger rätselhaft. Im Laufe der Jahrhunderte hatte

Achatiuskapelle in Grünsfeldhausen

der Grünbach die Kirche so oft überschwemmt, dass regelmäßig einfach der Boden aufgefüllt wurde, bis sich die Gläubigen schließlich vier Meter über dem ursprünglichen Niveau zum Gottesdienst trafen. Erst in den Jahren von 1903 bis 1905 wurde auf Veranlassung der großherzoglich-badischen Regierung die Kapelle wieder vollständig freigelegt, das Portal an der alten Stelle wieder eingesetzt und eine Stützmauer zum Schutz der Kapelle errichtet.

Der romanische Bau entrückt den Besucher für eine Weile der Welt. Der hohe dunkle Raum, nur von wenigen, schmalen Fenstern erleuchtet, und die schweren oktogonalen Mauern mit ihren sparsamen Zierelementen umfangen den Kirchgänger wie eine Schutzmauer. Irdische Askese der zisterziensischen Bauhütte verbindet sich mit dem religiösen Ideal der Kreuzfahrer zu einem Erlebnis, das man im abgelegenen Grünbachtal nicht erwartet hätte. Ihre Erbauer mussten sich mit dem Vorbild der Grabkapelle im Kopf dem himmlischen Jerusalem ein großes Stück näher gefühlt haben.

Die Achatiuskapelle ist nicht die einzige Oktogonkapelle. Gerade in Franken finden sie sich in einzigartiger Dichte. Wer Parallelen sucht, wird fündig in der architektonisch eng verwandten Sigismundkapelle im nur 10 km östlich gelegenen Oberwittighausen. 25 km südöstlich liegt die Ulrichskapelle im Creglinger Ortsteil Standorf. Eine weitere befand sich ca. 15 km weiter östlich in Gaurettersheim. Sie wurde leider im 19. Jahrhundert abgebrochen.

Von der Achatiuskapelle aus ist eine ganze Reihe von Zielen leicht erreichbar. Tauberaufwärts geht es über Bad Mergentheim mit seiner Deutschordensgeschichte bis Rothenburg, flussabwärts über Bronnbach nach Wertheim. Wer etwas Zeit mitbringt, sollte jedoch zu Fuß, mit dem Rad oder dem Motorrad ruhig einmal das Grünbachtal erkunden. Der Grünbach besitzt das größte Einzugsgebiet unter den Zuflüssen zur Tauber. Von Schönfeld über Peimar und Grünsfeldhausen schlängelt er sich in einer anmutigen Landschaft von Talauen bis Grünsfeld. Nachdem er dort den Wittigbach aufgenommen hat, fließt er bei Gerlachsheim in die Tauber.

GRÜNSFELDHAUSEN

Die Kapelle ist am Ortseingang nicht zu übersehen. Sie ist tagsüber geöffnet und frei zugänglich.

Rechte Seite: Gartenseite der Fürstbischöflichen Residenz in Würzburg. Während viele Touristen den Hofgarten besuchen, finden nur wenige den Weg in das Martin-von-Wagner-Museum im Südflügel

Das Martin von Wagner Museum in Würzburg

Über 300.000 Besucher bestaunen jedes Jahr die fürstbischöfliche Residenz in Würzburg, bewundern den „schönsten Pfarrhof Europas", gebaut von Balthasar Neumann (1687 – 1753) mit den Fresken von Giovanni Battista Tiepolo (1696 – 1770) und dem überbordenden Stuck von Antonio Guiseppe Bossi (1699 – 1764). Doch kaum jemand weiß, dass sich im selben Gebäude nur einen Toreingang weiter eines der größten Universitätsmuseen Europas befindet. Schon der Gründer des Museums, nach dem es heute auch benannt ist, hat eine außergewöhnliche und spannende Lebensgeschichte. Johann Martin Wagner (1777 – 1858, „von Wagner" durfte er sich erst seit 1825 nennen) war Sohn des Würzburger Hofbildhauers Johann Peter Wagner, dem seine fürstbischöfliche Anstellung ein ordentliches Salär und praktisch ein Monopol auf die Anfertigung aller Plastiken, Kanzeln und Altaraufbauten im Fürstbistum einbrachte. Rund 100 seiner Arbeiten sind bekannt. Im hohen Alter musste er noch erleben, wie die Säkularisation viele seiner Werke aus den Kirchen entfernte und in alle Winde zerstreute. Für seinen Sohn Johann Martin bedeutete das Jahr 1802, dass er sein in Paris und Wien begonnenes Malereistudium abbrechen musste. Er kehrte nach Würzburg zurück, fiel jedoch gleich im nächsten Jahr Johann Wolfgang von Goethe und seinen „Weimarer Kunstfreunden" auf. Sie verhalfen ihm zu einer Kunstprofessur in Würzburg, zu der auch ein längerer Studienaufenthalt in Rom gehörte. Dort wurde er Zeichenlehrer im Haus Wilhelm von Humboldts, der preußischer Gesandter in Rom war. Neben seiner Tätigkeit als Hauslehrer trieb der begabte Zeichner und Maler über vier Jahre lang natürlich umfangreiche Antikenstudien.

Auf dem Rückweg nach Würzburg begegnete er in Innsbruck Kronprinz Ludwig von Bayern. Dies war der Beginn einer außergewöhnlichen Beziehung. Der kunstliebende Monarch fand in

Rechte Seite, oben: Antikensammlung mit einem kleinen Teil der Vasensammlung
Rechte Seite, unten, obere Seite der bekannten Würzburger Brygosschale, die die Folgen von übermäßigem Weinkonsum darstellt

Wagner einen lebenslangen Berater und Agenten in allen künstlerischen Fragen. Ab 1810 lebte Wagner in kronprinzlichem, später königlichem Auftrag fast ausschließlich in Rom. Er wohnte in der Villa Malta, die Ludwig I. sich für seine Rom-Besuche gekauft hatte. In ganz Italien und auch bei gelegentlichen Abstechern nach Griechenland erwarb er emsig Kunstschätze, die die Grundlage für den Ausbau Münchens zur bayerischen Kulturhauptstadt darstellen sollten. Berlin und Wien hatten hier einigen Vorsprung, den der bayerische Monarch mit Hilfe Wagners aufzuholen gedachte.

Die Münchner Sammlung griechischer Vasen, der Aufbau der Glyptothek, zahlreiche Erwerbungen für die Pinakothek: alles ein Werk des fränkischen Malers, Graphikers und Kunstberaters Wagner, der dafür sein eigenes künstlerisches Schaffen hintanstellte. Immerhin stammt von ihm der monumentale Relieffries in der Walhalla über den „Zug der Germanen vom Kaukasus nach Mitteleuropa". Eine Berufung durch Ludwig zum Zentraldirektor der Münchner Pinakothek schlug Wagner aus. Er blieb lieber im kunstfreudigen Rom. Sein Lohn bestand nicht nur in der Erhebung in den persönlichen Adelsstand wegen seiner hervorragenden Kenntnisse in klassischer Archäologie und Kunstgeschichte, sondern auch in einer großzügigen Bezahlung seiner Agententätigkeit. Nebenher nutzte Wagner seine 40-jährige Tätigkeit im Dienst Ludwigs auch zum Aufbau einer großen Privatsammlung. Kunstverstand, Geschäftstüchtigkeit, Vermögen und Kontakte ließen geradezu eine zweite Ausgabe der Münchner Kunstsammlungen entstehen. Diese sollten aber nicht in die Hauptstadt gelangen.

Am 7. Dezember 1857, wenige Monate vor seinem Tod, verfügte Wagner, dass seine sämtlichen Kunstschätze an die Universität Würzburg gehen sollten. Wagner starb in seinem geliebten Rom am 8. August 1858; begraben wurde er auf dem Campo Santo Teutonico neben dem Petersdom. Mit seiner Schenkung

Rechte Seite: Der Würzburger Vierjahreszeitenaltar, römischer Schmuckaltar um 40 n. Chr.

fiel der ehemaligen fürstbischöflichen Residenzstadt, die seit 1815 zum neuen bayerischen Staatswesen gehörte, eine Sammlung ungeheuren Wertes zu, die das Zentrum im Norden Bayerns deutlich aufwertete. Sie füllt heute den halben Südflügel der Residenz über zwei Stockwerke. Trotz eines bescheidenen Schildes muss der Besucher wissen, wonach er sucht. Zwischen Ehrenhof und Hofkapelle führt der Weg durch die Toreinfahrt in den ersten Innenhof. Dort befindet sich auch ein Zugang zu den Gewölben des Staatlichen Hofkellers, in denen in langen Reihen die Weinfässer stehen. Manchmal duftet es recht markant nach alkoholischer Gärung aus der Kellertür. Gegenüber geht es einen kleinen Aufgang zu den Instituten der Universität aus den Bereichen Vor- und Frühgeschichte, Archäologie, klassische Philologie und Alte Geschichte. Alleine das Treppenhaus in jenem dem normalen Besucher verborgenen Teil der Residenz ist ein Erlebnis. Es lohnt auch ein kurzer Blick in den Toskanasaal, der heute der Universität als ihr zweifellos schönster Hörsaal dient. Das Museum ist in den Studienalltag eingebunden. Immer wieder finden hier Übungen, vor allem an den antiken Objekten statt. Im zweiten und dritten Stock befinden sich die Eingänge zum Museum. Allein die großzügigen und hohen Räume im neumannschen Bau sind sehenswert, aus den Fenstern hat man wunderbare Ausblicke über die Kirchenlandschaft der Stadt bis zur gegenüberliegenden Festung.

Antikensammlung mit vorgeschichtlichen, griechischen und römischen Gefäßen

Das Museum hat drei Abteilungen. Die graphische Sammlung umfasst 1.000 Handzeichnungen und 14.000 Blatt Druckgraphik, darunter die Zeichnungen Wagners, Tiepolos und

Albrecht Dürers. Dieser Teil ist aber nur für eine wissenschaftliche Benutzung gedacht. Öffentlich zugänglich sind die Antikensammlung und die Gemäldesammlung.

Die Antikensammlung beschäftigt sich mit griechischer und römischer Antike. Auch vorderasiatische Kulturen oder die Etrusker sind vertreten; eine eigene Abteilung ägyptischer Kultur hat sogar Mumien an den Main geführt. Allein die Vasensammlung umfasst 5.000 Stücke. Eines der berühmtesten ist die Würzburger Brygosschale, die auf der Außenseite ausgelassene, bekränzte nackte Zecher bei einem weinseligen Festumzug zeigt – auf der Innenseite ist dagegen abgebildet, was bei zu heftigem Weinkonsum passiert. In der Gemäldesammlung gibt es neben mittelalterlicher Tafelmalerei Gemälde deutscher, niederländischer und italienischer Malerei vom 15. bis zum 20. Jahrhundert, darunter auch Bilder von Tiepolo, Carl Rottmann (1797 – 1850), Max Liebermann (1847 – 1935) und Hans Purrmann (1880 – 1966). Einige Skulpturen, u.a. von Tilman Riemenscheider, sind auch zu sehen.

Zu weiteren Zielen in Würzburg selbst würde ein ganzes Buch nicht reichen. Neben der Altstadt mit Dom, Neumünster, Rathaus, Alter Mainbrücke und Marienkapelle oder der Festung mit dem Mainfränkischen Museum, in dem sich die umfangreichste Sammlung der Werke Tilman Riemenschneiders befindet, sollten Besucher unbedingt vom Residenzplatz über die Hofstraße Richtung Dom gehen, dann aber rechts neben der Apsis des danebenstehenden Neumünsters den kleinen Eingang zum ehemaligen Kreuzgang nehmen. Hier befindet sich das Grab Walthers von der Vogelweide (ca. 1170 – 1230), eine kühle Oase der Stille in der im Sommer oft recht heißen Stadt. Empfehlenswert sind auch auf der linken Mainseite die Burkhardskirche oder die Deutschhauskirche. Wem der Besuch des Martin von Wagner Museum Lust auf mehr Moderne gemacht hat, sei das Museum Kulturspeicher Würzburg in der Veitshöchheimer Straße empfohlen. Hier findet sich dank der Sammlung Peter C. Ruppert in dem moder-

nisierten alten Hafenspeicher die europaweit größte Sammlung „Konkrete Kunst". Muss man eigens empfehlen, den Würzburger Wein nicht zu vergessen? Wer es mit der Herrschaft hält, kauft beim Staatlichen Hofkeller gleich neben der Residenz oder beim Juliusspital; wer bürgerliche Spitaltradition seit 1316 schätzt, sei das Bürgerspital empfohlen, wo man zu anständigen Preisen fränkische und internationale Gerichte erhält. Spitzenweine gibt es überall. Und für zwischendurch sollte man auch die vielen kleinen „Bäcken" genannte Weinstuben in der Altstadt nicht vernachlässigen.

MARTIN VON WAGNER MUSEUM

Öffnungszeiten: Dienstag bis Samstag, 13.30 bis 17 Uhr, Gemäldegalerie Dienstag bis Samstag 10 bis 13.30 Uhr. An Sonn- und Feiertagen haben Antiken- und Gemäldesammlung von 10 bis 13.30 Uhr wochenweise abwechselnd geöffnet; Eintritt ist frei, eine kleine Spende ist willkommen. Den genauen Öffnungszeitenplan sowie Informationen über Führungen oder Ausstellungen unter www.museum.uni-wuerzburg.de.

Rechte Seite: Teil der Klosteranlage Oberzell bei Würzburg aus der Luft

Das Prämonstratenserkloster Oberzell bei Würzburg

Unmittelbar vor den Toren Würzburgs liegt fünf Kilometer vom Stadtzentrum entfernt mainabwärts eine vor den Augen der meisten Touristen verborgene gewaltige Klosteranlage: das Prämonstratenserkloster Oberzell, das einzige fränkische Kloster dieses hochmittelalterlichen Reformordens, das im Rang einer Abtei stand. Seine Gründung darf es direkt auf den heiligen Norbert, den Gründer des Prämonstratenserordens zurückführen. Dieser kam auf der Rückreise von Rom, wo sein junger Orden eben die päpstliche Bestätigung erhalten hatte, an Ostern 1126 durch Würzburg. Sein Biograf beschreibt, dass ihn Volk und Klerus zwangen, im Dom eine Messe zu lesen, da die Stadt gerade keinen Bischof hatte. Eigentlich wollte man Norbert sogar spontan zum Bischof wählen. Doch der flüchtete eilends und heimlich aus der Stadt. Er wollte sich lieber um den Aufbau seines Ordens kümmern und hatte außerdem noch höhere Pläne: Kurze Zeit später wurde er Erzbischof von Magdeburg. Aber die Predigt Norberts und eine wundertätige Heilung einer Blinden während der Messe führten schließlich dazu, dass einige der reicheren und mächtigeren Bürger beschlossen, mit ihren Vermögen vor der Stadt bei Zell ein Kloster für den jungen Orden zu errichten. 1128 wurde die Gründung umgesetzt. Inzwischen hatte Würzburg auch wieder einen Bischof. Zur Ausstattung der Neugründung und für sein Seelenheil schenkte Bischof Embricho (1127 – 1146) den zwei Brüdern Johannes und Heinrich einige ertragreiche Güter. Die beiden sorgten auch mit ihrem eigenen Vermögen für den Bau des Klosters und gelten als Stifter. Ihr Epitaph (eine Kopie des älteren Denkmals vom Anfang des 17. Jahrhunderts) steht heute im südlichen Querschiff.

Noch im selben Jahr begann der Bau der Klosterkirche. Die dreischiffige Basilika ist noch im Kern erhalten. Eine große romanische Doppeltoranlage, durch die man den Klosterkomplex bis heute betritt, stammt ebenfalls aus der Gründungszeit. Ursprünglich lebten hier organisatorisch getrennt, jedoch in einem Kloster, auch Prämonstratenserinnen. Sie wurden jedoch um 1170 in ein eigenes Kloster in Unterzell ausgelagert.

Das Innere der Klosterkirche. Im Chor stand einst die Dampfmaschine des Druckmaschinenfabrikanten König & Bauer

Durch reiche Schenkungen florierte das Kloster bald und entwickelte jene zentrale Funktion innerhalb der fränkischen Ordensniederlassungen, die ihm den Rang einer Abtei einbrachte. Die erste Prämonstratenserniederlassung in Tückelhausen bei Ochsenfurt unterstand dem Oberzeller Abt ebenso wie die Prämonstratenserinnen in Unterzell, in Michelfeld bei Kitzingen, in Hausen bei Bad Kissingen oder in Sulz bei Feuchtwangen. Bei Rieneck im Spessart entstand eine Propstei, deren umfangreicher Besitz als einträglicher Wirtschaftshof genutzt wurde.

Erst der Bauernkrieg 1525 brachte erhebliche Einbußen. Das Kloster diente den Aufständischen als Sammlungsort. Dem Abt gelang nur mit Mühe und Not die Flucht; Kirche und Kloster wurden geplündert. Die Zahl der meist adeligen Chorherren ging deutlich zurück. Nach der Besetzung des Klosters durch schwedische Truppen im Dreißigjährigen Krieg kehrten die Prämonstratenser 1635 in eine erneut schwer in Mitleidenschaft gezogene Anlage zurück. Doch bald begann der Wiederaufbau. In der zweiten Hälfte des 17. Jahrhunderts wurde die alte Klosterkirche umgebaut. Ein barockes Portal wurde vorgeblendet, das Langhaus eingewölbt, Chor und Querschiff neu errichtet und mit reichlich Stuck und Fresken geziert. Die würdevolle Schwere des romanischen Kirchenschiffs kann auch die helle Stuckierung nicht ganz auflösen. Dies liegt vielleicht an den vergleichsweise niedrigen Seitenschiffen und der kräftigen Stuckummantelung der alten romanischen Kapitelle im Langhaus, die die Längsachsen des Raums zusätzlich betonen.

Im Westen der Kirche entstanden ab 1742 neue Abteigebäude nach den Plänen Balthasar Neumanns. Sein Sohn Franz Ignaz Michael vollendete den Bau um 1760. Eine langgestreckte dreigeschossige Anlage um zwei großzügige Innenhöfe zeigt die große Wirtschaftskraft des Klosters. Im repräsentativen Treppenhaus lieferte Antonio Bossi die Stuckaturen mit den Figuren der Kardinaltugenden. Wie schon bei der Würzburger Residenz bewährte sich auch hier das Zusammenspiel eines der größten Baumeister mit einem der bekanntesten Stuckateure des Barock. Das erneuerte Deckenfresko zeigt die Gründung Oberzells in Anwesenheit des heiligen Norbert.

Um die 50 Chorherren lebten hier im 17. und 18. Jahrhundert. Das Kloster entwickelte sich zu einem kleinen Wissenschaftszentrum. Es gab ein eigenes Hausstudium, zusätzlich ein Studienhaus in Würzburg. Zwischen 1581 und 1803 promovierten fast 50 Konventualen an der Universität Würzburg in Theologie, Philosophie, Recht und auch Medizin. Manche erlangten sogar überregionale Bekanntheit. Johannes Zahn (1641 – 1707) schrieb hier grundlegende Werke über Astronomie, Medizin, Geografie, Geophysik, Zoologie, Botanik und Psychologie. Sein Spezialgebiet war die Optik: Er beschäftigte sich mit dem Bau des menschlichen Auges, Ausbreitung, Brechung und Reflexion des Lichts, Farbenlehre, Linsenformen, dem Bau von Fernrohren (mit bis zu 10 Linsen), Mikroskopen und Kameras. Sogar mit dem Newtonschen Spiegelteleskop von 1671 experimentierte er.

Die Säkularisation traf das Kloster in einer Blütephase. Viel ging im Jahr 1803 verloren. Die besonders in den Naturwissenschaften gut sortierte Bibliothek kam an die Universität Würzburg. Unter den Kunstschätzen befanden sich sogar Werke von Lucas Cranach. Sie wurden in alle Winde verstreut; ganz verschollen sind einige Werke von Oswald Onghers aus der Gemäldegalerie des Klosters. An den bayerischen Staat fielen sämtliche Klostergebäude, dazu 90 Morgen Weinberge, 637 Morgen Wiesen, 8.180 Morgen Wald sowie weitere Höfe und Häuser in der Umgebung. In die großzügigen Räume des Konventsbaus zog ein königlich bayerisches Militärlazarett ein. 1817 verkaufte der Staat die Anlage an Friedrich Koenig (1744 – 1833), den Erfinder der Schnellpresse. Er nutzte den Komplex fortan als Fabrik zur Herstellung der bald berühmten Druckmaschinen von König & Bauer. Er nahm sogar Wohnung im alten Kloster. Mitglieder der Familie Bauer und seiner Kompagnons sind in einem kleinen Privatfriedhof hinter der Klosterkirche bestattet. Wer die wieder errichtete und hervorragend restaurierte Anlage heute betritt, kann sich kaum vorstellen, dass in den für stilles Gebet und mönchische Askese gebauten Räumen über 80 Jahre lang der Lärm einer der bis heute führenden Druckmaschinenfabriken tönte. Die Kirche diente als Lager, im Chor lieferte zischend und stampfend eine Dampfmaschine die Energie für die Werkshallen. Erst 1901 verlagerte das Unternehmen seine Produktion auf die andere Seite des Mains.

Schritt für Schritt kehrte das geistliche Leben zurück. Die gebürtige Würzburgerin Antonie Werr erwarb das Kloster und begann mit der Wiederherstellung von Kirche und Konventsbau. Sie legte den Grundstein für das bis heute anhaltende Wirken der „Oberzeller Franziskanerinnen“, die mit riesigem finanziellen Aufwand den weitläufigen Gebäude- und Gartenkomplex unterhalten, um sich Frauen- und Mädchenarbeit, Krankenpflege und Kindererziehung zu widmen

Von Oberzell aus sind die zahlreichen Sehenswürdigkeiten in und um Würzburg leicht zu erreichen. Unterhalb der Klostermauern zieht sich ein schöner Rad- und Spazierweg in den Mainauen viele Kilometer flussabwärts. Auch der Ort Zell am Main selbst lohnt einen Abstecher. Eng schmiegen sich entlang der langgezogenen Hauptstraße die zum Teil noch in Fachwerk gebauten Häuser an die aufsteigenden Hänge des Maintals. Zum Main hin erstrecken sich noch ein paar kleinere, verwinkelte Gässchen. Am Ortsende liegt noch ein alter, heute in Privatbesitz befindlicher Klosterhof mit einem schönen Portal. Daneben steht die ehemalige Kirche der Unterzeller Prämonstratenserinnen. Der ursprünglich romanische und dann gotisch überformte Bau steht seit dem Zweiten Weltkrieg als Ruine da. Kürzlich wurde er als „Radkirche" wieder zugänglich gemacht und bietet Radfahrern und Wanderern einen ruhigen und schattigen Ort der Einkehr.

Das Wasserwerk Zell mit seinen vielen Stollen fördert einen großen Teil des Würzburger Trinkwassers aus 70 Quellen. Die gleich neben dem Kloster Oberzell gelegene Maschinenhalle mit ihrer reichen Hausteingliederung von 1899 steht unter Denkmalschutz. Ein privater Arbeitskreis hat im liebevoll restaurierten Gasthof und Bürgerhaus „Zur Rose" ein Wassermuseum eingerichtet – fränkische Schmankerln gibt es dort natürlich auch.

ZELL AM MAIN, KLOSTER OBERZELL

Klosterkirche und der größte Teil der Klosteranlage sind für Besucher ganzjährig tagsüber frei zugänglich.

Wassermuseum in Zell im Gasthaus „Zur Rose": Hauptstraße 34, 97299 Zell a. Main; Öffnungszeiten: April bis Oktober, Sonntag 13 bis 16 Uhr, Gruppenführungen für das Wassermuseum und durch den Bürgerbräustollen gibt es nach Absprache unter Tel. 0931 4687811, E-Mail: koerber@zell-main.de.

Rechte Seite: Wasserrad der Papiermühle

Die Papiermühle in Homburg am Main

Papier bestimmt unseren Alltag von der morgendlichen Tageszeitung bis zur abendlichen Einladungskarte. Die Chinesen kannten es schon seit dem 1. Jahrhundert, über die Araber kam es im 13. Jahrhundert nach Europa, wo es allmählich das Pergament ablöste. Die erste Papiermühle Deutschlands gründete 1390 der Nürnberger Patrizier Ulman Stromer (1329 – 1407). Schon im 16. Jahrhundert gab es fast 200 Papiermühlen, vor allem im süddeutschen Raum. Sie sind alle verschwunden. Heute verarbeiten gewaltige Fabriken ganze Wälder zu Papier. Wer noch alte handwerkliche und frühindustrielle Papierfabrikation sehen möchte, ist in Homburg am Main genau richtig. Wer ein vergleichbares Handwerks- und Industriedenkmal zur Papierherstellung sucht, muss sonst bis zur alten Papiermühle im schweizerischen Basel fahren!

Ursprünglich stand die aus dem 17. Jahrhundert stammende Homburger Papiermühle in Windheim an der Hafenlohr im Spessart. Da hier Wassermangel herrschte, zerlegte ihr Besitzer Leonhard Leinzinger im Jahr 1807 alles bis auf den letzten Balken und verfrachtete es nach Homburg, wo er den charakteristischen Walmdachbau mit seinem dreistöckigen Trockenboden über einem neuen Keller wieder aufbaute. Hier gab der zwischen den Weinbergen entspringende Bischbach genug Wasser für einen sicheren Mühlenbetrieb. Auf seinem steilen Weg bis zum Main hinunter trieb er in früheren Zeiten noch ganze neun weitere Mühlen an. 1853 kaufte der aus der Pfalz stammende Papiermacher Johann Follmer den Betrieb. Über mehrere Generationen betrieb die Familie Follmer die Mühle bis zur Einstellung des Betriebs im Jahr 1975. Die Mühle blieb so erhalten, wie sie am letzten Produktionstag verlassen wurde. 1997 wurde sie als Museum wiedereröffnet. Seit 1999 führt der Papiermacher Johannes Follmer in fünfter Generation den Betrieb als Manufaktur für Spezial- und Künstlerpapiere fort.

Rechte Seite, oben: Papiermühle Homburg, Walmdachbau mit dreigeschossigem Trockenboden
Rechte Seite, unten: Blick in den Mühlenkeller vom Podest des Holländers; Transmissionen durchziehen das Bauwerk, im Hintergrund eine Rundsiebmaschine von 1883

Die Homburger Papiermühle ist ein Beispiel für die Nutzung der Wasserkraft und den Einsatz vorindustrieller Maschinen. Über einen recht schmalen Stichkanal fällt das Wasser auf ein oberschlächtiges Rad von über sechs Metern Durchmesser. Dessen Kraft reichte, um sämtliche Maschinen im feuchten und dunklen Mühlenkeller anzutreiben. Hier findet sich eine Steinmühle zum groben Zerfasern von Holz und Lumpen, ein Holländer, der in ständiger Umwälzung des Papierbreis die Fasern immer feiner schnitt, oder eine schon früher industrieller Produktion entstammende Rundsiebmaschine von 1883, die vor allem Kartonagen aus Altpapier produzierte. Auf engstem Raum und auf mehreren Zwischenböden stehen die Maschinen.

Den ganzen Keller durchziehen Transmissionsriemen, von denen in jeder Ecke und in jeder Richtung die Kraft des Wassers zum Maschinenantrieb abgezweigt werden konnte. So trieb das Wasserrad auch einen durch das ganze Haus reichenden Aufzug an, mit dem die grob gepressten, aber noch feuchten Papiere bis auf den mehrstöckigen Dachboden gelangten. Dort wurden sie zum Trocknen aufgehängt. Der dreistöckige Trockenboden ist von außen an den charakteristischen Luftklappen gut zu erkennen. Bei stärkerem Wind mussten sie schnell geschlossen werden, damit das empfindliche Papier nicht beschädigt wurde. Eine ganze Reihe von Kleinmaschinen befand sich auch in den oberen Stockwerken: Pressen, Schneide- und Verpackungsmaschinen. Dazwischen waren die Wohnräume. Sie sind teilweise unverändert im Zustand der 1920er sowie der 1950er und 1960er Jahre erhalten und ergeben ein eindrucksvolles Bild einer in sich geschlossenen Wohn- und Gewerbeeinheit wieder.

Wer möchte, kann bei einem Besuch oder einer Führung einige der lärmenden Maschinen in Aktion sehen oder sich in einem kleinen Werkstattraum vor dem Wasserrad selbst an handwerklicher Papierherstellung versuchen. Aus dem Bottich muss mit einem Sieb der Papierbrei geschöpft werden. Dann wird die noch nasse, faserige Masse vom Sieb abgenommen – das sogenannte „Gautschen“. Zuletzt werden ganz wie vor 500 Jahren die Bögen gepresst und zum Trocknen aufgehängt. Im kleinen Museumsshop kann man in der Mühle hergestellte feine Büttenpapiere in vielen Farben, Größen und Qualitäten zum Gebrauch oder für Künstlerbedarf erwerben.

Von der Homburger Papiermühle aus sind eine ganze Reihe lohnender Ziele zu erreichen. Nicht weit ist es auch zum Augustiner-Chorherrenstift Triefenstein. Main- und Taubertal laden zu Wander-, Fahrrad- oder Motorradtouren ein. Spessart und Odenwald sind gleich um die Ecke. Auch das Städtchen Homburg selbst lohnt einen Besuch. Acht Gasthäuser und Weinstuben bieten Hausmannskost und fränkische Spezialitäten. Der Landgasthof Wolzenkeller (Julius-Echter-Platz 2) liegt am Schlossberg, von seiner Terrasse aus eröffnet sich ein prächtiger Blick über Ort und Maintal. Auf dem Weg von der Papiermühle hinab in den Ort kommt man am Schloss vorbei. Im Inneren des Schlossbergs gibt es natürlich entstandene Tropfsteinhöhlen, in denen einer Legende nach der erste Würzburger Bischof Burkard im Jahr 753 sein Leben gelassen haben soll. Auf keinen Fall sollte man sich den Homburger Wein entgehen lassen. Weinbau ist in Homburg schon seit 1102 belegt. Die berühmteste der Homburger Lagen ist der „Kallmuth", der zunächst den Augustinern in Triefenstein gehörte und sich seit 1957 im Besitz des Fürsten zu Löwenstein-Wertheim-Rosenberg befindet. In den denkmalgeschützten terrassierten Steillagen am Kallmuth, aber auch in der gegenüberliegenden „Edelfrau" muss der Wein noch auf traditionelle Weise gelesen werden. So sind es vor allem die lokalen Häcker und Winzer, die mit viel handwerklichem Aufwand und langjähriger Erfahrung vorzügliche Weine ausbauen. Die Homburger Weine sind oft intensiver in Farbe und Geschmack als andere Frankenweine. Unter den Weißen ist der Bacchus besonders fruchtig und spritzig, der Riesling besonders bukettreich. In Homburg werden auch schon sehr lange Rotweine angebaut, die sich in den letzten Jahren einer zunehmenden Beliebtheit erfreuen, so zum Beispiel Spätburgunder, Portugieser, Schwarzriesling, Domina, Regent und Dornfelder. Der

Homburger Wein wurde schon vor 250 Jahren bis an die Höfe nach Paris oder Wien geliefert; Dürer, Goethe, Queen Victoria oder Kurt Tucholsky gehörten zu seinen Verehrern. Zu Fuß lassen sich die Weinberge leicht erkunden. Der Winzer- und Weinbauverein Homburg hat einen Weinwanderweg angelegt, der mit einer fränkischen Häckerfigur, dem „Winzermännle", gut ausgeschildert ist. Vor der Weiterreise sollte man natürlich nicht vergessen, im Ort bei einem der Homburger Winzer zu klingeln und im Hofverkauf ein paar Flaschen vom „Kallmuth" oder der „Edelfrau" mitzunehmen. Hier bekommt man erstaunlich gute Tropfen, handwerklich bestens ausgebaut, zu erstaunlich günstigen Preisen.

Weinfest vor Schloss Homburg am Main

Ein Homburger Weinfest gibt es alljährlich am letzten Juli- und am ersten August-Wochenende. Im romantischen Schlosshof und im Schlossgarten mit Blick über die Dächer des alten Weinortes gibt es in einer „Weinstube im Grünen" heimische Spezialitäten und edle Tropfen. Das Homburger Weinfest gilt als Geheimtipp unter den zahlreichen fränkischen Weinfesten. Den Abschluss bildet ein Feuerwerk über dem Homburger Kallmuth.

HOMBURG AM MAIN, PAPIERMÜHLE

Gartenstraße 11, 97855 Markt Triefenstein; Öffnungszeiten: 1. Mai bis 31. Oktober, Dienstag bis Freitag 10 bis 12 Uhr und 14 bis 16 Uhr, Samstag, Sonn- und Feiertage 10 bis 12 Uhr und 14 bis 17 Uhr; Eintritt 1,50 Euro, ermäßigt 1 Euro. Informationen auch zu dem regen Veranstaltungsprogramm der Papiermühle unter Tel. 09395 99222 oder unter www.papiermuehle-homburg.de.

Rechte Seite: Das alte Kirchengestühl aus dem 13. Jahrhundert im Langhaus

Die Wehrkirche in Urphar

Die Wehrkirche in Urphar besucht man am besten nach einer Besichtigung des prachtvoll barockisierten Zisterzienserklosters Bronnbach oder des klassizistischen Augustiner-Chorherrenstifts Triefenstein. Der Kontrast könnte kaum größer sein. Die Wehrkirche ist nicht nur eine der ältesten Kirchen der Region. Sie ist samt hölzernem Kirchengestühl und Fresken auch nahezu unverändert im Zustand des 13. Jahrhunderts erhalten. Betritt man den engen und dunklen Kirchenraum mit seinen hölzernen Emporen, hinter denen sich blass uralte Wandmalereien abzeichnen, und schlängelt sich durch schmale Durchgänge und steile Treppen, fühlt man sich schlagartig zurückversetzt in eine geradezu archaische Epoche ländlichen Christentums.

Der Kern der Kirche, die hoch über dem Ort liegt und in kriegerischen Zeiten der Bevölkerung Schutz bieten sollte, ist ein mächtiger Viereckstürm. Ob er tatsächlich ursprünglich ein Wehrturm aus karolingischer Zeit war, darf bezweifelt werden. Auf jeden Fall stammt er aus dem 10. Jahrhundert. Mit seiner Ostapsis bildete er den ältesten Teil der Kirche. In der ersten Hälfte des 13. Jahrhunderts wurde im Westen ein Kirchenschiff davor gesetzt und eine Chorbogenöffnung in den Turm gebrochen. Die schmiedeeisernen Beschläge der Kirchentür an der Nordseite mit ihren Drachenkopfmustern und das bemalte Türblatt aus Eichenholz stammen ebenfalls aus dem 13. Jahrhundert. In dieser Zeit entstanden auch die ältesten Fresken und das Kirchengestühl im Langhaus. Ältere Kirchenbänke dürften weit und breit nicht zu finden sein. Über mächtige Längsträger auf einem abgewetzten roten Sandsteinboden schlängelt man sich in die engen Bänke aus dunkler Eiche.

Die Fresken stammen von einem Unbekannten, den man hilfsweise als „Meister von Urphar“ bezeichnet. In der Apsis malte er gegen Ende des 13. Jahrhunderts Christus als Weltenrichter, umgeben von den vier Aposteln. Merkwürdig muten die zwei Schwerter an, deren Spitzen die Christusfigur im Mund hält. Sie nehmen Bezug auf eine zeitgenössische Auseinandersetzung um die rechte Ordnung in der Welt. Beide

Wehrkirche über Urphar

höchste Gewalten, das geistliche Schwert, vertreten durch das Papsttum, und das weltliche Schwert, vertreten durch die richterliche Gewalt des Kaisertums, gehen letztlich von Christus aus. Die Szenen stehen am Übergang von der Romanik zur Gotik. In ihrer vielleicht sogar byzantinisch beeinflussten Schlichtheit geben sie einen guten Einblick in die Welt- und Glaubensvorstellungen des ausgehenden 13. Jahrhunderts. An den Wänden des Kirchenschiffs finden sich noch teilweise durch die Emporeneinbauten verdeckte Darstellungen des Erzengels Michael, der Grablegung Christi, des heiligen Christophorus und des heiligen Jakobus. Dem heiligen Jakobus ist die ganze Kirche geweiht. Urphar lag am Jakobsweg. Auch über dem Durchgang zur 1497 angebauten Sakristei findet sich als Zeichen die Jakobsmuschel mit dem Baudatum. In der Sakristei gibt es noch Fresken mit Heiligenfiguren vom Ende des 15. Jahrhunderts.

Im etwas jüngeren, zweistufigen Gestühl des Chores nahmen die besser gestellten Urpharer Platz. Sie konnten dort ihren

Stammplatz erwerben. Initialen an den Sitzen und Handwerkszeichen erinnern an die Besitzer. Auf den alten Bänken im Langhaus nahmen die einfacheren Urpharer Platz. Die engen, im 16. bis 18. Jahrhundert aus Fichtenholz eingezogenen umlaufenden Emporen nahmen die Besucher aus den umliegenden Dörfern auf. Ein „lächelnder Christus" auf dem Kreuz im Altarraum aus der Zeit um 1400, eine hölzerne Kanzel, ein Renaissance-Taufbecken aus dem 16. Jahrhundert und eine vergleichsweise moderne Orgel von Johann Conrad Wehr aus Heidenfeld, die der Urpharer Georg Flegler 1780 stiftete, zeigen, dass die Kirche nie einen musealen Charakter annahm, sondern über die Jahrhunderte hinweg immer der lebendige Ort christlicher Begegnung der Dorfbevölkerung war. So wird sie auch heute noch genutzt: als Pfarrkirche für Urphar.

Innen verstärkt das spärliche Licht aus den wenigen und teils von den Emporen verdeckten Fenstern aus starken Mauern den Eindruck romanisch wehrhafter Kirchenarchitektur. Außen zeigen einige Konsolsteine, dass es ursprünglich noch einen hölzernen Vorbau gab. Ob er zu Wehrzwecken diente oder ob hier vielleicht von einem balkonartigen Vorbau die Reliquien der Kirche den Jakobspilgern gezeigt wurden, lässt sich nicht mehr feststellen. Leider sind von der alten, die Kirche und den Friedhof umgebenden Wehranlage nur noch wenige Mauerreste im Norden und Osten der Kirche übrig. Im 19. Jahrhundert brach man die alten Mauern ab, um den Friedhof zu erweitern. Das einstige Tor zum Dorf hin steht aber noch. Ursprünglich war es Teil eines kleinen Torturms, der den Zugang sicherte. In der recht dünnen Holztür gibt es noch eine Schlupfpforte.

Die Landschaft entlang Main oder Tauber ist sehr reizvoll. Ausflüge in den Spessart oder den Odenwald sind ebenfalls leicht möglich; in der Mainschleife gegenüber Urphar liegt auf dem Höhenrücken die Wettenburg, eine befestigte

Linke Seite, oben: Blick von der ersten Empore in den Chorraum
Linke Seite, unten: Apsisfresko des „Meisters von Urphar" vom Ende des 13. Jahrhunderts: Christus mit den zwei Schwertern als Weltenrichter

Höhensiedlung der Völkerwanderungszeit. Viel ist von ihr nicht mehr zu erkennen. Dafür führt der „Heunweg", eine frühmittelalterliche Fernstraße, die bei Urphar den Main überquerte, in reizvoller Lage über den Höhenrücken an der alten Befestigung vorbei.

Wer kleineren, alten Kirchen in der Umgebung nachspüren will, dem sei die Veitskirche im nur 4 km mainaufwärts gelegenen Eichel empfohlen. Sie ist ebenfalls eine Wehrkirche mit einem romanischen Turm aus dem 9. oder 10. Jahrhundert. Auf dem Portal über der Nordtür findet man eine symbolische Darstellung des Sieges Christi über den Teufel in Gestalt eines Widders und eines Wolfs. Auch dem Meister von Urphar lässt sich in der Gegend weiter nachspüren. Er hat seine Fresken auch noch in anderen Kirchen hinterlassen. Vermutlich aus einer knapp älteren Schaffensperiode stammen die Fresken in der Pfarrkirche Oberschüpf (ca. 30 km weiter südlich bei Boxberg) und in der heutigen Friedhofskapelle St. Laurentius in Freudenberg am Main (ca. 15 km mainabwärts).

URPHAR, WEHRKIRCHE

Außerhalb der Gottesdienstzeiten ist die Kirche geschlossen. Am Eingang zum Friedhof sowie am Tor vom Dorf zum Kirchhof stehen Namen, Anschriften und Telefonnummern benachbarter Urpharer, die (zu christlichen Zeiten) gegen ein geringes Entgelt die Kirche aufschließen und eine kleine Führung bieten. Die 3 Euro für Einzelpersonen bzw. 1,50 Euro pro Person ab zwei Personen lohnen auf jeden Fall!

Rechte Seite: Die eher klassizistisch anmutende Ausschmückung der Kuppel der Holzkirchener Klosterkirche

Das Kloster Holzkirchen im Aalbachtal

Von Würzburg nach Wertheim führt der Weg meist über die stets verstopfte A 3. Jedoch sollte man besser von der Bundesstraße 8 bei Uettingen abbiegen, um den kürzesten Weg in Richtung Wertheim zu nehmen. Dabei kommt man nicht nur durch das landschaftlich reizvolle Aalbachtal, sondern sieht sich bei Holzkirchen in einem engen Talabschnitt unversehens einem barocken Kuppelbau gegenüber, der weitab von den Brennpunkten barocker Bauwut von einem der größten Baumeister der Zeit geschaffen wurde: Balthasar Neumann.

Dabei war das Kloster, zu dem die auffällige Rundkirche gehört, in seinen ersten Jahrhunderten keineswegs abgelegen und unbedeutend. Schon bei seiner Gründung wirkten Papst, König und lokaler Adel zusammen. Im Jahr 748 hatte Papst Zacharias fränkische Adelige aufgefordert, sich für die Verbreitung des Glaubens und den Bau von Kirchen und Klöstern einzusetzen. Bei Troand, Graf im Waldsassengau, fiel der Aufruf auf fruchtbaren Boden. Aus eigenen Mitteln errichtete er in diesem schmalen Abschnitt des Aalbachtals ein kleines Kloster, das er zum besseren Schutz der Mönche an Karl den Großen übertrug. Reichskloster wurde Holzkirchen dennoch nicht – 775 unterstellte Karl die junge Gründung dem Kloster Fulda. Die Schenkungen anderer fränkischer Adeliger ließen die Propstei bald aufblühen. Dass ein Bücherkatalog des Würzburger Doms bereits im 9. Jahrhundert vermerkt, dass eine der kostbaren Handschriften „ad holzkirichun“ ausgeliehen war, zeigt, dass die ersten Mönche in der Abgeschiedenheit des Aalbachtals auch danach strebten, Bibliothek und Schule aufzubauen, um ihren Anteil an den Missionsaufgaben zu tragen. Fulda förderte sein Nebenkloster. Wertvolle Reliquien wurden in Holzkirchen zur Schau gestellt oder gingen gleich ganz in den Reliquienschatz des Klosters ein. Der Fuldaer Abt und Gelehrte Hrabanus Maurus (um 780–856) weihte gemeinsam mit dem Würzburger Bi-

Rechte Seite, oben: Kloster Holzkirchen im Aalbachtal aus der Luft
Rechte Seite, unten: Das Portal der Kirche liegt direkt über dem Aalbach und ist über eine kleine Brücke zu erreichen. Die Kirche selbst wurde wegen des feuchten Grundes auf Eichenstämmen errichtet. Links neben dem Portal der Fachwerkbau der Prälatur

Reste des romanischen Kapitellschmucks aus dem Kreuzgang

schof Humbert (832–842) den Altar. So entwickelte sich eine lebendige Wallfahrt um einen mit etwa 70 Mönchen, darunter 30 Priester, recht großen Konvent. Im 12. Jahrhundert wurde viel gebaut, wovon noch einige romanische Reste zeugen. In etwa 40 umliegenden Orten hatte das Kloster Grundbesitz und Rechte. Außerdem diente es dem Kloster Fulda als Verwaltungszentrum seiner mainfränkischen Besitzungen.

Dem Würzburger Bischof musste ein solch starkes fuldisches Zentrum im Süden der Bischofsstadt ein Dorn im Auge sein, hatte sich doch die Reichsabtei zu einem territorialen Konkurrenten im Norden entwickelt. So tat er alles, um allmählich die Verbindung des Klosters zu Fulda zu stören. Dafür konnten die Grafen von Wertheim ihren Einfluss auf das Kloster ausbauen. Damit setzte im 13. Jahrhundert ein Niedergang ein. Die Vogtei über das Kloster kam an die Grafen von Wertheim; die Vögte eigneten sich einige der klösterlichen Rechte an. Wegen der engen Lage im Tal konnte das Kloster keine geschlossene Grundherrschaft aufbauen. Der Besitz blieb zwar groß, lag jedoch verstreut und war nur wenig effizient zu verwalten. 1272 wurde die ganze Anlage außerdem von Plünderern niedergebrannt. Die von den Wertheimern unterstützte Reformation brachte weitere Verluste, Zerstörungen im Bauernkrieg und im Dreißigjährigen Krieg führten zur zeitweiligen Aufhebung. Nur langsam ging es wieder aufwärts. Propst Bonifatius von Hutten, ein Bruder des Würzburger Bischofs Christoph Franz von Hutten (1673 – 1729), leitete eine grundlegende Erneuerung des Klosters ein. Der zum Aalbach hin gelegene Prälatenbau, ein Fachwerkgebäude aus dem 16. Jahrhundert, war noch einigermaßen verwendbar und ließ sich in einen barocken Neubau integrieren. 1679 wurde ein neuer Konventsbau begonnen. Ein Treppenturm im Innenhof wurde 1725 abgeschlossen. Für den Neubau der Klosterkirche konnte sogar der berühmte Johann Dientzenhofer (1663 – 1726) gewonnen werden. Allerdings waren seine Pläne zu teuer, sodass schließlich Balthasar Neumann zum Zuge kam. Der hatte seit 1720 die Leitung für den Bau der Würzburger Residenz übernommen und erledigte ab 1728 nahezu nebenher auch die neue Klosterkirche für Holzkirchen. Die räumlichen Verhältnisse waren beengt. Für eine große Hallenkirche reichte der Platz zwischen Bach und Konventsgebäude nicht aus, sodass sich Neumann für einen Zentralbau entschied. 1730 wurde der Bau vollendet – an Residenz und Hofkirche arbeitete er noch weitere 14 Jahre. Jüngst entdeckte Pläne Neumanns für einen Umbau der Bamberger Residenz aus dem Jahr 1730 (wo

Barocker Erzengel Michael aus der Klosterkirche

sein Dienstherr Friedrich Karl von Schönborn ebenfalls Bischof war) zeigen, dass er die Hofkapelle dort ebenfalls nach dem Vorbild Holzkirchens als Oktogon ausführen wollte. Auch wenn diese Pläne nicht umgesetzt wurden, so waren Neumann doch seine Erfahrungen mit Zentralbau und Kuppel beim Würzburger Käppele von Nutzen, mit dessen Bau er 1748 begann. Holzkirchen blieb somit der einzige reine Zentralbau Neumanns. Ob er hier wirklich im Anschluss an einen Paris-Aufenthalt mit französischem Barockklassizismus experimentierte und nur eine „akademisch trockene Rotunde", einen „pedantisch strengen Kuppelbau" oder einen „römischen Baldachinraum in der Körpergestalt eines antikischen Monopteros" zuwege brachte, wie einige Kunsthistoriker urteilen, oder ob die klaren und regelmäßigen Formen „den Zentralgedanken in idealer Weise zum Ausdruck bringen", mag der Besucher selbst beurteilen. Jedenfalls schuf Neumann hier neben seinen vielfältigen anderen Pflichten einen bemerkenswerten Bau, der noch heute auffällig zum Ortsbild beiträgt. Die schlichten Stuckaturen in Kuppel und Hauptgesims und die Gliederung durch Wandpfeiler, die ein fast regelmäßiges Achteck ergeben, und über deren Kapitellen die Kuppel ruht, ergeben einen klaren und strengen Raum.

Das Kloster selbst besteht aus einer Dreiflügelanlage, die nach Westen offen ist. Im Osten gehört noch ein Wirtschafshof dazu, jenseits des Aalbachs eine Klostermühle. Im Untergeschoss des Konventsbaus sind noch Reste des romanischen Kreuzgangs zu sehen. Nach der Säkularisation wechselte die Anlage mehrfach den Besitzer. Ab 1817 gehörte sie den protestantischen Grafen von Castell, ab 1909 der katholischen Pfarrgemeinde. Nach einigen Jahren des Leerstands und Verfalls, in denen nur notdürftige Sanierungsmaßnahmen erfolgten, kehrte 2003 neues Leben ein. Der ehemalige münsterschwarzacher Benediktinermönch Willigis Jäger erwarb mit anderen Investoren das alte Kloster und richtete hier ein überkonfessionelles und überreligiöses

Linke Seite: „Holzkirchener Reiter": Das vermutlich aus dem 11. Jahrhundert stammende Relief zeigt oben einen reitenden Christus, unten einen bärtigen Gott (oder den Klostergründer?) mit einem Einhorn.

Seminar- und Tagungszentrum ein, in dem vor allem fernöstliche Spiritualität gepflegt wird. So hat das heute Benediktushof genannte ehemalige Kloster auch einen japanischen Zengarten, und in den Meditationsräumen um den alten Kreuzgang erholt sich mancher Manager vom materialistischen Alltag.

Von Holzkirchen aus sind Würzburg oder Wertheim nicht weit. Auch das Taubertal, Urphar, Homburg oder Miltenberg bieten sich als weitere Ziele an. Vor allem aber lohnt das Tal des Aalbachs, der bei Roßbrunn entspringt und nach ca. 20 km bei Wertheim-Bettingen in den Main mündet, für eine gemütliche Fahrt mit offenen Augen. Besonders für Radwanderer ist die kleine, leicht geschwungene und durch Felder, Auen und Waldsäume führende Strecke ab Uettingen geeignet. Aber auch Motorradfahrern macht die Tour mitten durch das Maindreieck (und für Historiker: durch den frühmittelalterlichen östlichen Waldsassengau) richtig Spaß!

HOLZKIRCHEN

Die Klosteranlage und die Kirche sind tagsüber frei zugänglich, die Innenräume der ehemaligen Klostergebäude nur nach Absprache mit dem Seminar- und Tagungszentrum.

Rechte Seite: Kreuzgang mit Portal zur Klosterkirche

Das Kloster Bronnbach im Taubertal

Idyllisch im lieblichen Taubertal gelegen ... So beginnen die meisten Beschreibungen des Klosters Bronnbach. Und tatsächlich wird man dem nicht widersprechen wollen, wenn man auf der leicht geschwungenen Straße der Tauber entlang zwischen Wiesen und dem baumbestandenen Flussufer unversehens mitten in eine gewaltige Klosteranlage gerät. Unterhalb der Straße zur Tauber hin sind auf den ersten Blick die einfacher gehaltenen ehemaligen Wirtschaftgebäude der Zisterze auszumachen. Nach oben hin erhebt sich die romanische Klosterkirche, an die sich in einer Flucht ein fast 70 Meter langer mehrstöckiger Konventsbau anschließt. Westlich der Kirche erblickt der Besucher eine Orangerie und auch einen Brunnen; Statuetten und Gartenanlagen vor der Kirche überlagern zisterziensische Einfachheit mit barocker Prachtentfaltung.

Gegründet wurde das Kloster um 1150 durch großzügige Stiftungen von vier Niederadeligen aus dem Taubergebiet und dem nahen Odenwald. Der Legende nach war eine Predigt des charismatischen „zweiten Ordensgründers“ Bernhard von Clairvaux 1146 in Wertheim oder Würzburg der unmittelbare Auslöser. Belegen lässt sich ein solcher Aufenthalt Bernhards aber nicht. Weiter will die Gründungslegende, dass sich während der Suche nach einem geeigneten Platz drei weiße Lerchen zwitschernd erhoben und so auf einen Wink Gottes den Bauplatz bezeichneten. Eine davon wurde später in das Klosterwappen aufgenommen, wo sie auf den Händen des Jesusknaben sitzt. Papst Eugen III. (1145–1153) bestätigte die Gründung bereits 1153.

Allerdings hatten sich die Vögel eine karge Höhe oberhalb des heutigen Klosters ausgesucht, das vormalige „castrum brunnebach“, das später als Schafhof genutzt wurde. Erst eine weitere Zustiftung im Tal durch Erzbischof Arnold von Mainz (1153–1160) ermöglichte 1157 den Umzug in die fruchtbare und wasserreiche Talsiedlung. Der Gründungsabt und die ers-

Rechte Seite, oben: Kirche und Konventsbau mit barockem Brunnen
Rechte Seite, unten: Kirche, Konventsbau, ein Teil der Wirtschaftsgebäude und der ehemalige Krankenbau (heute Staatsarchiv) aus der Luft

ten zwölf Mönche kamen aus Waldsassen in der Oberpfalz, nachdem das ursprünglich erstrebte Mutterkloster Maulbronn selbst noch im Aufbau war. Nach sicherlich kargen Anfangsjahren blühte die Zisterze bald auf. Das Gründungsgut und weitere Schenkungen ermöglichten die Anlage von Grangien, großen Wirtschaftshöfen, auf denen Konversen, Laienbrüder, in der Landwirtschaft arbeiteten. Noch im 12. Jahrhundert konnten bedeutende Stadthöfe errichtet werden. In Wertheim, Würzburg, Frankfurt, Aschaffenburg und Miltenberg besaß das Kloster schließlich feste Stützpunkte für die Verwaltung und vor allem den Verkauf der Überschüsse aus Landwirtschaft und gewerblicher Produktion auf den aufstrebenden städtischen Märkten. Zusammen mit Grundbesitz, Zinseinkünften und Herrschaftsrechten ermöglichte der Gewinn eine umfangreiche Bautätigkeit.

1222 wurde die Kirche fertiggestellt. Wie viele Zisterzienserkirchen war sie der heiligen Maria geweiht. Der hohe, zwischen Spätromanik und Frühgotik entstandene Bau atmet noch den Geist zisterziensischer Architektur. Die Ordensregel verbat bunten Zierrat, Ausmalungen und Schmuckwerk. Reinheit und Askese sollten vorherrschen. Dafür durfte der Bau aber die Größe Gottes und seiner Schöpfung widerspiegeln. Ein lateinisches Kreuz bildet den Grundriss. Mit 70 Metern erreicht sie fast drei Viertel der Länge des Würzburger Domes. 28,5 Meter Breite und 17,5 Meter Höhe im Querschiff ergeben einen überwältigenden Raumeindruck. Die Kreuzgratgewölbe des Mittelschiffs und die Viertelkreistonnen mit Stichkappen in den Seitenschiffen folgen provencalischen Vorbildern. Diesseits des Rheins gibt es keine vergleichbaren Bauformen. Im Mittelschiff lassen kleine romanische Fenster nur wenig Tageslicht in den Kirchenraum. Das Portal spiegelt die Hierarchien der Besucher wider: Laien, Laienbrüder und weltliche Obrigkeit besaßen je eigene Eingänge. Die Brüder selbst benutzten das Portal nie. Sie betraten den

Linke Seite, oben: Klosterkirche mit Blick auf den Hauptaltar
Linke Seite, unten: Chorgestühl von Daniel Aschauer

Ehemalige Orangerie (errichtet 1773 bis 1775 durch Abt Ambrosius Balbus) mit Fresken zu den Allegorien der vier Jahreszeiten im Sonnenfang, heute Mensa des Gästehauses

heute durch ein schmiedeisernes Gitter abgetrennten Mönchschor direkt aus dem östlich der Kirche anschließenden Klausurbezirk. Im östlichen Querhaus befindet sich eine der wenigen bis heute erhaltenen Dormitoriumstreppen. So konnten die Mönche auch zu den nächtlichen Gebetsstunden direkt aus dem Schlafsaal in die Kirche gelangen.

Auch sonst ist in der heutigen Anlage noch alles vorhanden, was zu einem großen Kloster gehörte. In den Grundzügen gehen sämtliche Gebäude auf das Hoch- und Spätmittelalter zurück. Zum Klausurbezirk gehört die Sakristei, der dreischiffige Kapitelsaal, dessen Gewölbe vier romanische Säulen tragen, ein Parlatorium und ein beheizbarer Arbeitsraum für die Mönche, Speisesaal und Küche. Darüber lag der Schlafraum der Mönche. Im westlichen Flügel lebten die Konversen, die über einen eigenen Speiseraum verfügten. Im 13. und 14. Jahrhundert wurde der Kreuzgang in seiner heutigen Form gebaut. Das gotische Maßwerk des Gewölbes, die vielen Fensteröffnungen mit Blick auf Innenhof und Kirche und ihr Spiel aus Licht und Schatten, die Wasserstube, in der noch heute ein kleiner Brunnen plätschert und von der engen Verbundenheit der Zisterzienser mit dem Lebenselement Wasser kündet, die zahlreichen Inschriften und Grabdenkmäler an den Wänden, die manchmal krummen Wände, die im Innenhof wegen des feuchten Baugrundes durch mächtige Stützen abgesichert werden mussten, machen einen Rundgang zu einem Ausflug in die mönchische Vergangenheit des Ortes.

Um Kirche und Klausurbezirk herum konzentrierte sich der „weltliche Lebensbereich" der Zisterzienser. Ein repräsentatives Abthaus, ein Gästehaus, ein Hospital, ein Sommerrefektorium und die Orangerie sind schon von barocken Formen geprägt. Unterhalb der Kirche spielte sich das Wirtschaftsleben ab. Zum Fluss hin steht die Mühle, die aus dem 12. Jahrhundert stammt und nach einem Brand 1631 wiedererrichtet wurde. Ein großes Geviert umfasste außerdem eine Bäckerei, eine Schreinerei, eine Brauerei, in der bis 1842 Bier gebraut und in den Felsenkellern jenseits der Tauber gelagert wurde, Viehställe und Lagerräume. Zur Verwaltung der Liegenschaften und als Amtssitz des Klosterverwalters („Bursarius") wurde 1742 ein Bursariatsbau davor gesetzt. Es lohnt sich, einmal um die ganze Anlage herumzuwandern und auch in den Wirtschaftshof zu blicken.

Überall zeigt sich der Kontrast zwischen zisterziensischem Armutsideal und dem Reichtum des Ordens, der sich insbesondere in den Jahrzehnten des Wiederaufstiegs nach dem Dreißigjährigen Krieg in einer barocken Bauwut äußerte. Dies ist vor allem in der Klosterkirche spürbar, deren hohe, strenge Mauern eine geradezu überbordende Fülle barocker Inneneinrichtung beherbergen. Unter den insgesamt 13 Barockaltären ragt besonders der apsisfüllende Hochaltar hervor, ein Werk des begabten Laienbruders Benedikt Gamuth (um 1712) mit einem Altarblatt von Oswald Onghers (1628–1706), das die

Himmelfahrt Mariens zeigt. Für den Lichteffekt im eingearbeiteten „Auge Gottes“ wurde eigens hinter dem Altar ein Fenster in die Apsis gebrochen. Zwei Pontifikalthrone, einer für den amtierenden Abt und einer für den Bischof von Würzburg, zieren den Altarraum. Ein Alabasteraltar zu Ehren Maria Magdalenas und ein Bernhardsaltar finden sich in den Seitenkapellen.

Von Daniel Aschauer (um 1778), ebenfalls einem Bronnbacher Laienbruder, stammt das mächtige Chorgestühl. Zwanzig Jahre schnitzte der Leiter der Klosterschreinerei an den zwei gegenüberliegenden Sitzreihen bis zu ihrer Vollendung in den Jahren 1777/78. Auf den oberen Plätzen nahmen die zu Priestern geweihten Mönche Platz, die untere Reihe war für die einfachen Mönche und die Novizen gedacht. Die Laienbrüder belegten die vorgebauten „Brüderplätze“. Eine kleine Misericordia, auch „Faulenzer“ genannt, eine Querrippe, an die man sich anlehnen konnte, erleichterte das lange Stehen während der Liturgie. Die Plätze der Mönche sind mit reich vergoldeten Schnitzereien von Kirchenvätern, Evangelisten, Tugendallegorien und Heiligen verziert.

Ehemaliger Kapitelsaal

Diesen Bereich durften normale Kirchenbesucher niemals betreten. Ein schmiedeeisernes Gitter trennte Mönchschor und Laienkirche. Aber auch hier zierten zahlreiche Barockaltäre den Kirchenraum. Die Epitaphien an den Wänden erinnern an die Bronnbacher Äbte. Doch auch viele weltliche Förderer wurden in der Klosterkirche begraben. Besonders auffällig sind die zwei lebensgroßen gotischen Figuren von Peter von Stetenberg (gest. 1428) und seinem Sohn (gest. 1448). Auch einer der Grafen von Wertheim wurde hier begraben. Sein Epitaph zeigt ein bemerkenswert naiv in Flachrelief stilisiertes Bild eines gewappneten Ritters. Zu den jüngsten Grabmälern zählt das des portugiesischen Thronprätendenten Miguel II. von Braganza (gest. 1927). Er war mit Adelheid von Wertheim-Löwenstein-Rosenberg verheiratet und verbrachte seine letzten Lebensjahre im Prälatenbau des Klosters, da dem Emigranten das Betreten seiner portugiesischen Heimat verboten war.

Mit der Säkularisation fiel das Kloster 1803 an die Grafschaft Wertheim, nachdem es dem protestantischen Haus Wertheim zur Zeit der Reformation schon einmal fast gelungen wäre, Zugriff auf das Kloster zu erhalten. Der Abt Clemens Leusser (1548–1558) trat 1552 zum Luthertum über und stellte sich unter Wertheimer Schutz. Nach langen Auseinandersetzungen konnte aber der Würzburger Bischof die Rekatholisierung durchsetzen. Die Schäden im Bauernkrieg und im Dreißigjährigen Krieg waren zwar enorm, konnten aber jedes Mal wieder durch noch prachtvollere Bauten kompensiert werden. Im 19. und 20. Jahrhundert nutzten die Grafen von Wertheim das aufgelöste Kloster als Landsitz, Verwaltungszentrum und Landgut. Zeitweise hielten auch einige slowenische Zisterzienser (bis 1931) und Kapuziner (bis 1958) das mönchische Leben in Teilen der Anlage aufrecht. 1986 verkaufte das Haus Wertheim den ganzen Komplex an den Kreis Main-Tauber. Nach langjährigen Renovierungsarbeiten ist nahezu die gesamte Anlage wieder öffentlich zugänglich. Modernes Leben ist in die Räume eingekehrt. In der alten Mühle produzieren zwei Turbinen Strom, das Bursariat ist seit 2006 Gästehaus für Tagungen und Kongresse, im Kreuzgang und in den beiden barocken Festsälen, dem Josephs- und dem Bernhardsaal, finden regelmäßig Kulturveranstaltungen statt, und im ehemaligen Krankenbau ist seit 1992 das Staatsarchiv Wertheim untergebracht. Die reichen Bestände von Archivgut aus der Grafschaft Wertheim und das weitgehend erhaltene Klosterarchiv machen es zusammen mit einmaligen Arbeitsbedingungen in klösterlicher Umgebung zu einem Geheimtipp für Historiker.

Mit einem Besuch Bronnbachs lässt sich eine Erkundung der Tauber verbinden. Sie wird auch als die „anmutigste Tochter des Mains" bezeichnet, und tatsächlich bietet der ehemalige Nebenfluss der Urdonau, der heute in umgekehrter Flussrichtung in den Main fließt, von der Quelle bei Weikersholz über Rothenburg und Tauberbischofsheim bis zur Mündung in Wertheim ein Paradies für Wanderer und Radfahrer. Insbesondere der mäanderreiche und siedlungsarme Abschnitt zwischen Tauberbischofsheim und Werbach, wo der Fluss sich tief in den Buntsandstein schneidet, ist sehenswert. Speziell für Wanderer hat die Touristikgemeinschaft „Liebliches Taubertal" einen Panoramaweg in fünf Etappen durch das Taubertal und das angrenzende Maintal von Rothenburg ob der Tauber bis Freudenberg am Main ausgewiesen. Teile davon laufen auch parallel zum Jakobsweg. Für Radfahrer gibt es zwölf Rundkurse zwischen 24 und 82 km an der Tauber, in deren Seitentäler und in die Ausläufer des Hohenloher Landes und des Odenwaldes.

KLOSTER BRONNBACH

Bronnbach 9, 97877 Wertheim. Die Klosteranlage ist frei zugänglich. Besichtigung von Kreuzgang, Konventsbau und Klosterkirche: 1. November bis 31. Dezember und 16. Februar bis 31. März, Donnerstag 11 bis 16 Uhr, 1. April bis 31. Oktober, Montag bis Samstag 10 bis 17.30 Uhr, Sonn- und Feiertage 11.30 bis 17.30 Uhr; Eintritt 3,50 Euro. Information und Anmeldung zu Führungen beim Kloster Bronnbach (Tel. 09342 935202020, E-Mail: info@kloster-bronnbach.de). Über das Veranstaltungsprogramm des Klosters informiert www.kloster-bronnbach.de.

Informationen zu Rad- und Wanderwegen sowie zu Veranstaltungen im Taubertal sind erhältlich unter www.liebliches-taubertal.de.

Rechte Seite: Burg Wertheim mit den verwinkelten Gässchen der Altstadt zu Füßen der Burg

Burg und Stadt Wertheim

Schon von Weitem zeigt die Burg Wertheim, auf einer hohen Bergzunge zwischen Main- und Taubertal gelegen, wer hier das Sagen hatte. Seit der Mitte des 12. Jahrhunderts nannte sich das lokale Herrengeschlecht nach der Burg die Grafen von Wertheim. Von hier aus kontrollierte es seinen umfangreichen Besitz, der zwischen Main und Tauber, Spessart und Odenwald einen Sperrriegel zwischen den beiden großen geistlichen Herrschaften des Erzbistums Mainz und des Bistums Würzburgs bildete.

Im 12. Jahrhundert begannen die Grafen von Wertheim mit dem Bau der mächtigen Burg. Aus dieser Zeit stammen noch der hochaufragende Bergfried und das Palasgebäude mit eigener Burgkapelle. Hier gibt es noch dreiteilige Fenstergruppen aus der Stauferzeit. Ein tiefer Halsgraben trennt Oberburg und Vorburg. In den folgenden Jahrhunderten wurde die Burg immer weiter ausgebaut und den Erfordernissen der Zeit angepasst. Bis in das 17. Jahrhundert hinein diente sie als Herrschaftsmittelpunkt, Wohn- und Repräsentationsbau. Starke Außenwerke wurden um 1400 errichtet. Ein 1562 im Stil der Renaissance erbauter achteckiger Treppenturm verband Palas und Wohnbau. Um 1600 kam noch der „Neue Löwensteiner Bau" hinzu, als nach dem Aussterben der Grafen von Wertheim die Grafen von Löwenstein (die sich dann Löwenstein-Wertheim nannten) ihr Erbe antraten. Flügelmauern verbanden den Bau mit der Stadt, ein imposantes Torhaus diente auch als Archivbau und Richtung Taubertal wurde ein mächtiger Altan errichtet. Von seinem mit spätgotischer Maßwerkbrüstung verzierten Gang eröffnet sich ein weiter Blick über das Taubertal und den Main. Im Osten der Hauptburg schützten mächtige, in und auf den gewachsenen Fels gesetzte Bastionen den Bau von der Bergseite her. Hier sieht man an den regelmäßigen und teilweise meterstarken Mauern mit kleinen Geschützhöfen die Auswirkungen der frühneuzeitlichen Artillerie auf den Burgen- und Festungsbau.

Rechte Seite, oben: Blick von den Mauern der Burg über das Maintal
Rechte Seite, unten: Fachwerkhäuser in der Wertheimer Altstadt

prooptik
Weine
Konditorei Kaffee

Zu Beginn des Dreißigjährigen Kriegs zerstörte eine Pulverexplosion Teile der Burg. Nach schwedischer Besetzung und einer Beschießung durch kaiserliche Truppen im Jahr 1634 blieb sie als Ruine liegen. Trotz langen Jahrzehnten des Verfalls zählt die Burg Wertheim zu den größten Steinburgen Deutschlands. Ihre Restaurierung begann 1982 mit Unterstützung des Landes Baden-Württemberg. Nach ihrem Verkauf durch die Grafen von Löwenstein-Wertheim-Freudenberg und Löwenstein-Wertheim-Rosenberg gehört die Anlage seit 1995 der Stadt Wertheim. Seither ist auch wieder mehr Leben in die Burg eingekehrt. Sie dient regelmäßig Mittelalter-Spektakeln und anderen Freiluftveranstaltungen als eindrucksvolle Kulisse.

Der Weg zur Burg ist freilich nicht leicht. Nur über steile Pfade und Treppen führt der Weg aus der Wertheimer Altstadt hoch über Main und Tauber entlang dem alten, durch eine Doppelmauer gesicherten Weg zum Burgtor. Eine Steinerne Brücke anstelle einer alten Zugbrücke aus Holz führt über den Burggraben. Im Inneren lässt sich die Burg nahezu komplett an den alten Mauern umwandern. Ein moderner Abstieg führt in den tiefen Halsgraben. Von dort sind durch die hohen Felswände auch die Vorwerke gut zu erklimmen. Am „Zehnringturm“ sieht man noch zehn Eisenringe, die zur Befestigung von Strohballen und Flechtwerk dienten. Dies sollte den Aufprall von Kugeln abdämpfen. Das über fünf Meter starke „Obere Bollwerk“ wurde ebenfalls in der zweiten Hälfte des 15. Jahrhunderts errichtet und zeigt die ersten Spuren des Wandels von der mittelalterlichen Burg zur Artilleriefestung. Vom alten Bergfried aus hat man den besten Blick über die ganze Burg, über die Stadt zu ihren Füßen und über das Maintal. Die Burgschänke belohnt die Mühen des Aufstiegs mit einer kräftigen Brotzeit. Wer Glück hat, wird bei der Stärkung im Burghof auch einen einzelnen, wild lebenden Falken sehen, der sich die Spitze des Johannsturms als seinen gewohnten Aussichtspunkt gewählt hat.

Im Schutz der Burg entwickelte sich das Städtchen Wertheim, das gemeinsam mit der alles überragenden Wehranlage noch heute ein nahezu geschlossenes Ensemble bildet. Heute ist es die nördlichste Stadt in Baden-Württemberg. Von der alten Maueranlage ist der über 35 Meter hohe „Spitze Turm“ bemerkenswert. Er stammt aus dem 13. Jahrhundert und diente mit seinem ursprünglich in über zehn Meter Höhe gelegenen einzigen Eingang als Stadtgefängnis. Von den zahlreichen Stadttoren sind noch das besonders imposante Maintor sowie das Zolltor und das Kittsteintor an der Tauber übrig. In der Altstadt mit ihren vielen gut erhaltenen Fachwerkbauten aus dem 16. Jahrhundert ragt besonders der Marktplatz hervor. Mit dem „Zobel’schen Haus“ steht hier eines der schmalsten Fachwerkhäuser Frankens. Der „Engelsbrunnen“ genannte Marktbrunnen ist ein Zeichen selbstbewussten Bürgerstolzes und enger Verbindung mit dem Grafenhaus. 1574 wurde er vom Baumeister Michael Matzer (gest. 1597) und dem Bildhauer Mathes Vogel geschaffen. Oben tragen zwei Engel das Wappen der Grafschaft. Unten stehen Schultheiß, Ratsherr, Stadtbaumeister und Künstler; Tierkreisbilder entsprechen der Emblemsprache der Renaissance. Die Stiftskirche wurde 1383/84 aus einer romanischen Vorgängerkirche zu einer gotischen dreischiffigen Basilika umgebaut. Die Turmuhr von 1544 hat zwei Zifferblätter: Im Osten zur Burg gibt es nur einen Stundenzeiger, zwei Zeiger hat das Zifferblatt zum Marktplatz hin. Im Chor fanden zahlreiche Wertheimer Grafen ihre letzte Ruhe. Gleich gegenüber liegt mit der spätgotischen Kilianskapelle von 1472 die ehemalige Kapelle der Stiftsherren. Nach der Reformation diente sie seit 1604 als Lateinschule. Zu Beginn des 20. Jahrhunderts wurde der schöne gotische Bau wieder als Kapelle rekonstruiert.

Ausflüge in den Spessart oder den Odenwald bieten sich von Wertheim aus an. Der über 100 km lange Radweg „Liebliches Taubertal“ führt auch an Wertheim vorbei. Er zählt zu den schönsten Radwegen Deutschlands und wurde vom ADFC mit „5 Sternen“ ausgezeichnet.
In Wertheim selbst bietet das Grafschaftsmuseum im „Alten Rathaus“ und dem „Haus der Vier Gekrönten“ Stadt- und Grafschaftsgeschichte sowie Volkskunde und eine Sammlung

des norddeutschen Malers Otto Modersohn (1865 – 1943). Im Glasmuseum im ehemaligen „Kallenbach'schen Haus" von 1577 gibt es historische Glasexponate von der Antike über die im nahen Spessart verbreitete Glasherstellung in Mittelalter und Neuzeit bis zu aktuellem Glasdesign und Anwendungen in Technik und Industrie. Am Ortseingang liegt das 1777 im Rokokostil erbaute „Schlösschen im Hofgarten". Hier werden u.a. private Sammlungen von Gemälden der Berliner Secession und der Heidelberger Romantiker gezeigt.
Wer angeregt von der Wertheimer Burg weitere eindrucksvolle Beispiele staufischer Burgenbaukunst in der Region erkunden möchte, wird fündig bei Freudenburg, Gamburg und der Henneburg auf dem Kühlberg bei Stadtprozelten. Etwas weiter entfernt im Odenwald liegt mit der Burg Breuberg eine der größten staufischen Burgen. Mit Wertheim verbindet sie die Besitzer: sie diente einst einer Wertheimer Nebenlinie als Stammsitz. Auch Külsheim mit seinem Schloss, der Altstadt und den vielen Brunnen lohnt einen Ausflug.

WERTHEIM, BURG UND STADT

Öffnungszeiten: Ostern bis 15. Oktober, täglich 9 bis 22 Uhr, 16. Oktober bis Ostern, täglich 10.30 bis 16.30 Uhr; Eintritt 1 Euro über ein Drehkreuz. Der steile Aufstieg zur Burg beginnt bei der Stiftskirche und dauert je nach Kondition fünf bis zehn Minuten. Seit Kurzem verkehrt zwischen Stadt und Burg auch ein „Burgbähnle". Öffentliche Burgführungen: 1. April bis 14. Oktober, Sonntag 14.30 Uhr, Treffpunkt Stiftskirche, 3,50 Euro pro Person.

Öffentliche Stadtführungen: 1. April bis 14. Oktober, Montag bis Samstag 17 Uhr, Sonn- und Feiertage 10.30 Uhr, Treffpunkt am Spitzen Turm, 3,50 Euro pro Person.

Weitere Informationen bei der Tourist Information Wertheim (Gerbergasse 16, 97877 Wertheim, Tel. 09342 935090).

Rechte Seite: Einer der Heunesteine im Wald bei Bürgstadt; der kreisrunde Riss zeigt an, dass aus dem Stein eine Säule, wohl für eine der großen Kathedralbaustellen, hätte werden sollen

Die Heunesteine bei Bürgstadt

Auf dem Wannenberg oberhalb von Bürgstadt liegen gewaltige Steinquader und Säulen, denen der Volksmund den Namen „Heunesteine" oder „Heunefässer" gegeben hat. Sie sehen auch so aus, als hätten sie Hünen oder Riesen umhergeworfen und schließlich das Interesse an ihrem Spielzeug verloren. Tatsächlich trifft der Wanderer hier auf Relikte von Steingewinnung, die wahrscheinlich bis ins frühe Mittelalter zurückgehen. Der widerstandsfähige Felssandstein lieferte das Material für Tröge, Sarkophage und Säulen, die sich bei vielen Bauherren großer Beliebtheit erfreuten. Auch Mühlsteine wurden so aus dem Stein gehauen. Zwar kann die Geschichte des Steinabbaus nicht exakt datiert werden, doch dürften die Quader und Säulen unter anderem für den ersten oder zweiten Dombau in Mainz bestimmt gewesen sein. Wie man allerdings die Dutzende Tonnen schweren Stücke aus dem Wald bis an den Main transportierte, um sie dort auf Schiffe zu verladen, stellt nach wie vor ein Rätsel dar. Die riesigen Formen aus dem Stein zu hauen, erforderte langjährige Erfahrung im Umgang mit dem Material, in dem manchmal kleine Kluften und Spalten den Zusammenhalt der Blöcke schwächten. Manchmal bot der Stein böse Überraschungen, wenn sich nach dem Beginn der Bearbeitung zeigte, dass die natürlichen Brüche nicht so verliefen, wie es das Werkstück eigentlich erfordert hätte. Solche Bearbeitungsspuren sind heute noch an vielen Stellen sichtbar. Man versuchte mit Hammer und Meißel zunächst die natürlichen Bruchstellen zu vertiefen, um dann das Stück im Ganzen aus dem Block herausbrechen zu können. Ging es schief, ließ man die Blöcke halbroh liegen und wandte sich dem nächsten Versuch zu. So entstand ein kleines Meer von waldüberwucherten, halbbehauenen Findlingen, deren erfolgreicher bearbeitete Nachbarn heute wohl in zahlreichen Großbauten der Salier- oder Stauferzeit zu finden sind. Auch auf dem nahegelegenen Bullauer Berg bei Miltenberg finden sich solche Relikte. Ab dem späten Mittelalter verlagerte sich die Steingewinnung auf die gegenüberliegende Mainseite, wo die steilen Abbrüche der „Mainhölle" über dem Fluss weithin sichtbar sind. Von hier kamen

Dreischichtige Felssandsteinformation; wenig dahinter liegen drei unvollendete Mühlsteine aus Sandstein

die Sandsteine für den Frankfurter Dom und die kurfürstliche Martinsburg in Mainz.

Gewiss waren auch nicht wenige Frankfurter Patrizierhäuser aus dem Bürgstäder roten Sandstein erbaut. Und wer durch Bürgstadt, Freudenstadt, Miltenberg oder Klingenberg geht, dürfte ebenfalls regelmäßig an Fachwerkhäusern vorbeikommen, deren steinerne Sockel oder Portale hier gebrochen wurden. Der Abbau, der in der zweiten Hälfte des 19. Jahrhunderts wegen der vielen, dem damaligen Zeitgeschmack entsprechenden neugotischen Bauten eine zweite Blütezeit erlebte, hält hier und in der Gegend um Miltenberg nach wie vor an.

Zu den Heunesteinen gelangt man nur nach einer längeren Wanderung, die einmal um den Wannenberg führt und noch andere Sehenswürdigkeiten bereithält. Das Auto lässt man am Wanderparkplatz „Stutz" östlich Bürgstadts stehen. Von dort führen mehrere ausgeschilderte Wege durch den Wald. Wer dem gelben EU-Schiff mit Sternen auf blauem Grund des Archäologischen Spessart-Projekts folgt, wird an zahlreichen Tafeln vorbei über ca. 10 km zu den Natur- und Kulturdenkmälern des Wannenbergs geführt. Die ca. dreistündige Tour führt zunächst an der modernen Stutzkapelle am Waldrand vorbei und dann durch den Wald zu den Heunesteinen. Die nächste Station ist ein Ringwall aus der Urnenfelderzeit mit einer rekonstruierten Toranlage. Weiter geht es an den Heunefässern, bis zu 4 m langen halbbehauenen Säulenfragmenten, vorbei. Dann geht es zur Ruine der Centgrafenkapelle. Der Bürgstadter Centgraf Leonhard Gackstadt begann hier 1629 den Bau einer großen Kapelle aus Bürgstädter Sandstein. Doch der Dreißigjährige Krieg verhinderte die Fertigstellung. So blieb sie als romantische Bauruine liegen. Nach einem weiteren Schwenk durch den Wald geht es schließlich am Waldrand und an den Bürgstädter Rotweinlagen vorbei zurück zum Parkplatz. Dann sollte man entweder in die Stadt zurückfahren oder zu Fuß in einer kleineren, 3 km langen Route Bürgstadt erwandern. Diese führt am eindrucksvollen Renaissance-Rathaus vorbei. Die Bauinschrift von 1592 verkündet mit Bürgerstolz, dass der Bau „mit gemeinen Kosten", also mit den Mitteln der Bürger errichtet wurde. Sehenswert ist auch die Pfarrkirche, ein gotischer Bau mit barocker Innenausstattung. Sie hat über den beiden Eingängen je ein spätgotisches Tympanon. Eines zeigt die Auferstehung Christi; Christus schwingt sich vor zwei schlafenden Wächtern bemerkenswert dynamisch aus dem Sarkophag. Das andere zeigt eine etwas lädierte heilige Margareta, die über einen Drachen mit einem reizenden Knoten im Schwanz triumphiert. Im Inneren ist die Orgel sehenswert. Um für sie auf der niedrigen Empore Platz zu schaffen, musste eine Öffnung in die Decke gebrochen werden. Zu empfehlen ist auch die hinter der Kirche gelegene Mar-

Rechte Seite: Bürgstädter Martinskapelle mit Ausmalung um 1590

INRI

PILATVS

tinskapelle. Sie ist im Inneren fast vollständig ausgemalt. Die 40 Medaillons erzählen die Lebensgeschichte Christi.

Die in der Spätrenaissance angelegten Fresken stehen zum Teil unter dem Zeichen der damals ganz Europa erfassenden Türkenangst. Alle negativ besetzten Personen der Heilsgeschichte wie Pilatus und seine Soldaten tragen türkische Gewänder und Schnauzbärte. Wer dann noch sein Wissen über den Bürgstädter Sandsteinabbau vertiefen möchte, dem sei das Museum in der ehemaligen Bürgstädter Mittelmühle empfohlen. Weitere Themen sind Ortsgeschichte, Weinbau, die Biographie des Bürgstädter Komponisten Johann Michael Breunig (1699–1755) und die hier ebenfalls beheimatete Tabakherstellung. Um Hunger und Durst nach der langen Wanderung kümmert sich die Bürgstädter Gastronomie. Wenn geöffnet, sollte man eine der zahlreichen kleinen Heckenwirtschaften ausprobieren. Im Haus- und Hofverkauf sollte man auch ein paar Flaschen Bürgstädter Wein, bevorzugt einen Roten vom Centgrafenberg oder der Mainhölle mitnehmen. Wer nicht bei einem Winzer klingeln möchte, kann sich in der Vinothek des Weinkulturhauses am Marktplatz versorgen.

BÜRGSTADT

Der Wanderparkplatz Stutz liegt östlich oberhalb der Stadt am Waldrand. Er ist nicht leicht zu finden: Von der Hauptstraße hält man sich stets nach Osten, folgt deren Streckfuß genannter Verlängerung und biegt links in den Höhenbahnweg ab, der nach ca. 1 km auf den Parkplatz zuführt.

Museum Bürgstadt: Am Mühlgraben 1, 63927 Bürgstadt, Tel. 09371 99560; Öffnungszeiten: Sonntag 14 bis 18 Uhr; Eintritt frei.

Die Pfarrkirche ist zu normalen Tageszeiten geöffnet.

Die Martinskapelle ist verschlossen. Den Schlüssel erhält man in der danebenliegenden Gärtnerei, außerhalb der Geschäftszeiten bei zwei Anwohnern gegenüber. Die Adressen sind am Kapelleneingang angegeben. Eintritt 1 Euro.

Rechte Seite: Wanderweg durch die Seltenbachschlucht

Die Seltenbachschlucht bei Klingenberg

Die Seltenbachschlucht oberhalb von Klingenberg gehört zu den 100 wichtigsten Geotopen Bayerns. Wer sich eine halbe oder Dreiviertelstunde Zeit nimmt, um die nur 1.600 Meter lange Schlucht auf schmalen Pfaden und kleinen Stegen über den Bach zu durchwandern, wird nicht nur Erholung in der klaren, von Erd- und Moosgerüchen geschwängerten Luft des finsteren Waldes finden, sondern zugleich in jene 250 Millionen Jahre Erdgeschichte eingeführt, die Spessart und Maintal entstehen ließen. Der Wanderer kommt an bizarren Sandsteinformationen vorbei, die im Laufe der Jahrmillionen ausgewaschen wurden. Selten sieht man derartige Aufschlüsse in einer solchen Deutlichkeit. Letztlich geht das Spessarter Gestein zurück auf urgeschichtliche Flussablagerungen, die buntes Sandsteingeröll, Sand und lehmige Tone aus den Höhen des heutigen Ost- und Südbayerns anschwemmten. Diese „Mittlere Buntsandstein“ genannte Periode zeichnet sich durch reißende Flüsse nach monsunartigen Regenfällen aus. An den felsigen Schluchtwänden ist dies deutlich abzulesen. Unterschiedlich rot, gelb oder weiß gestreifte Schichten künden von den Anschwemmungen. Manchmal sind sie schräg gestellt und zeigen so an, dass die Strömungsrichtungen der Urflüsse wechselten. Grobkörnige Geröllhorizonte gehen auf Zeiten starker Strömungen zurück, während ruhiger dahinfließende Gewässer feineres Tongestein ablagerten. Von den Folgen dieser erdgeschichtlichen Periode profitierte der Mensch. Der rote Sandstein eignete sich für die Werksteingewinnung. Bei Miltenberg oder Bürgstadt wurde schon seit dem Mittelalter Stein für Häuser, Burgen oder Dome gebrochen. Wer durch Spessart

Weg durch die Seltenbachschlucht

oder Odenwald fährt, findet den Stein an jedem zweiten älteren Haus.

Auch der Ton wurde genutzt. Ebenfalls schon seit dem Mittelalter wurden hier feine Spezialtone gewonnen, die für Steinzeug oder zur Herstellung von Bleistiften genutzt wurden. Schon der für ein so sehr vom Weinbau geprägtes Gebiet ungewöhnliche Name „Bergwerkstraße“ lässt auf Abbau schließen. Sie führt von der Stadt zur Clingenburg. Tatsächlich befindet sich in der Verlängerung der Bergwerkstraße einige Hundert Meter oberhalb des Endes der Schlucht auf der Landstraße in Richtung Schmachtenberg ein Bergwerk, das den Ton untertägig abbaut. Es wurde bereits im 16. Jahrhundert zum ersten Mal erwähnt. Seine beste Zeit hatte es mit dem Beginn der Industrialisierung. Seit 1855 wird es von der Stadt betrieben. Die hohen Gewinne ermöglichten der Stadt den Bau einer Schule, der Mainbrücke sowie den Aufbau einer Wasserversorgung und eines Elektrizitätswerks. Nach dem Zweiten Weltkrieg ging der Absatz zwar merklich zurück, doch noch immer halten sechs Mitarbeiter den Betrieb aufrecht. Die Klingenberger Spezialtone haben derzeit sogar eine weltweit steigende Nachfrage zu verzeichnen. Eine Informationstafel des Geopfades durch die Schlucht erläutert die Erdgeschichte.

Wer den Einstieg in die Schlucht sucht und einen Anstieg nicht scheut, kann sein Auto gleich am Parkplatz vor dem Eingang zur Stadt stehen lassen. Der Weg führt dann durch die Altstadt über den Marktplatz zur Burg hinauf. Von da geht es die gewundene Zufahrt zur Burg wieder hinab bis zum Einstieg in die Schlucht. Man kann aber auch von der Mainbrücke aus über Rathausstraße und Bergwerkstraße nach rechts in die Schlucht einbiegen. Für die Wanderung durch die Schlucht und wieder zurück ist etwa eine Stunde zu veranschlagen. Wer am oberen Ende der Schlucht noch bis zum Tonwerk weiterwandert, findet Anschluss an den Altenbrunnweg, der auf Forstwegen durch den Wald zu einem Aussichtsturm führt. Eine schöne Route bietet auch der am Schützenhaus an der

Zufahrt zur Burg beginnende Hasenstallweg. Beide sind mit Wegweisern aus Holz markiert. Auf dem Hin- oder Rückweg bietet sich eine Pause in den Ruinen der Clingenburg an, von deren Terrassen sich bei einem Kaffee ein weiter Blick über die Stadt und das Maintal eröffnet. Die Schönheiten der mit vielen sehenswerten Fachwerkhäusern eng bebauten Klingenberger Altstadt sollte man sich ebenfalls nicht entgehen lassen. Insbesondere im Herbst, wenn sich die Blätter zu verfärben beginnen, die tiefe Sonne ein wunderbar warmes Licht in das Maintal zaubert und aus den Kellern der Klingenberger Häuser der charakteristische Duft des jungen Federweißen zieht, wird ein Besuch zu einem unvergesslichen Erlebnis. Dass man dabei auch ein paar Flaschen Klingenberger Wein mitnehmen sollte, der auf den steilen Terrassen des Burgbergs und anderer Kleinlagen nur in mühevoller Handarbeit gelesen werden kann, versteht sich von selbst. Die Rotweine zählen zu den berühmtesten Frankens. Wen die Burg beeindruckt hat, der wird im Maintal noch viele weitere sehenswerte Burgen in unmittelbarer Umgebung finden: Über Miltenberg, Freudenberg und Stadtprozelten stehen Ruinen außergewöhnlicher Größe. Wer dabei gelegentlich die Mainseite wechseln muss, sollte nicht bis zur nächsten Brücke fahren. Die kleinen Fähren über den Fluss bieten für kleines Geld ein rasches Übersetzen, währenddessen man für eine Weile den Blick über Fluss und Landschaft schweifen lassen kann.

Rechte Seite: Die inmitten des Spessarts gelegenen Reste der Kartause Grünau mit fast vollständiger Umfassungsmauer und den vielen modernen Fischteichen sind aus der Luft besonders gut zu erkennen

Die Kartause Grünau
bei Schollbrunn im Spessart

Wer einen Ausgangspunkt für Wanderungen im Spessart sucht, die Abgeschiedenheit einsamer Wälder mag und doch einen kleinen Anker der Zivilisation in der Nähe wissen möchte, wird die Ruinen der ehemaligen Kartause Grünau schätzen lernen, hat er erst einmal zu ihr hingefunden. Obwohl gerade vier Kilometer von Hasloch am Main entfernt, hat der Besucher doch das Gefühl, tief in die menschenleeren Wälder des Spessarts vorgedrungen zu sein, wenn sich in einem Tal am Zusammenfluss zweier kleiner Spessartbäche die Mauern der Kartause erheben.

Der heutige Zustand täuscht leicht darüber hinweg, dass hier die älteste Kartause Frankens stand, die lange Zeit prosperierte und der Kartäuserbewegung in der Region entscheidende Impulse gab. Der Kartause ging eine 1216 errichtete Kapelle zu Ehren der Heiligen Maria, Nikolaus und Laurentius voran. Ins abgelegene Kropfbachtal strömten bald Wallfahrer. So schien es naheliegend, die Wallfahrt mit einer Klostergründung zu verbinden. 1328 stiftete schließlich Gräfin Elisabeth von Hohenlohe (1260 – 1335), eine tatkräftige und in vielen Urkunden erwähnte Tochter eines Wertheimer Grafen, eine Kartause. Die ersten Mönche kamen aus Mainz. Schon der dritte Prior Petrus zählte zu den Mitbegründern der einflussreichen Würzburger Kartause. Die Kartausen in Erfurt und Koblenz dürften ebenfalls auf Grünau zurückgehen. Schon im 15. Jahrhundert war ein umfangreicher Neubau erforderlich geworden. 24 Kartäusermönche lebten hier, wie bei den Kartäusern üblich, in abgeschlossenen eigenen kleinen Zellen und trafen sich nur zum Gebet in der 1446 neu erbauten Klosterkirche. Sie lebten von der Landwirtschaft und von der Fischzucht in einem großen Teich, den der Kropfbach speiste. Die Vogtei über das Kloster übernahmen die Grafen von Wertheim. Einige ließen sich auch in der Kirche bestatten.

Rechte Seite, oben: Die Ruinen der Kartause Grünau bei Schollbrunn
Rechte Seite, unten: So zeigt sich die Kartause beim Austritt aus den Wäldern

Die meisten Teile des alten Klosters liegen in Ruinen; wenige Bauten werden modern genutzt

Die enge Verbindung zu Wertheim sollte sich aber als nachteilig erweisen, als sich die Klostervögte der Reformation anschlossen. Die Grafen machten den Kartäusern allerlei Schwierigkeiten, griffen in die Verwaltung des Klosterbesitzes ein und sorgten schließlich dafür, dass 1557 die letzten Mönche die Kartause verlassen mussten. Viele Jahrzehnte kämpfte der Orden beim Reichskammergericht um die Wiederherstellung des Klosters. Sie gelang 1629, doch brachte schon zwei Jahre später ein Schwedeneinfall im Dreißigjährigen Krieg erneut einen Rückschlag. 1635 erstatteten schließlich die Grafen von Wertheim den Mönchen einen großen Teil des Klosterbesitzes zurück. Doch das Kloster kam nie wieder richtig in Schwung. Lange Zeit wohnten nur noch vier Mönche in der weitläufigen Anlage. In der Gegend machte der Spruch die Runde: „In Grünau sind vier Mönch. Drei befehlen und einer gehorcht“. Mit der Säkularisation fiel die Kartause samt allem Besitz doch noch an die Grafen von Wertheim, die das Kloster 1820 in ein fürstliches Hofgut umwandelten. Von den Mönchen blieb nur die lang gepflegte Landwirtschaft und die Fischzucht. Heute stehen noch die alten Umfassungsmauern des Klosterbezirks, die immerhin ein Areal von 200 x 100 Metern einschließen. Das alte Tor ist noch erhalten. Die Prokuratie wird heute als Ausflugsgaststätte genutzt – hier lassen sich ganz frisch aus den Teichen Fischspezialitäten genießen. Die Kirche steht als Ruine da, die, wie die angrenzenden Wirtschaftsgebäude, zum Teil als Unterstand für landwirtschaftliches Gerät genutzt wird. Beim Blick über den Zaun in Richtung Kirche sieht man noch einige Reste eines kleinen, einstmals sicherlich prachtvollen Barockgartens mit einigen Säulenreihen und Balustraden. Wiesen und Fischteiche ziehen sich über das Areal. Der größte davon befindet sich baumumstanden außerhalb der alten Mauern und ist eine idyllisch gelegene Oase der Ruhe mit gutem Blick über die Klosterruine.

Die Kartause Grünau ist ein guter Ausgangspunkt für Wanderungen durch die Natur- und Kulturlandschaft des Spessarts. Vom Parkplatz vor der Kartause führt ein ca. 14 km langer Rundweg durch das Kropfbachtal und zum Hasenstabkreuz, einem Gedenkstein für einen berühmt-berüchtigten Spessarträuber, der hier 1773 zu Tode kam. Weiter geht es über mittelalterliche Wüstungen und Grenzsteine, der Ruine der Markuskapelle bei Hasloch, Wildparks und Dialektgrenzen, nach Schollbrunn und wieder zur Kartause zurück. Der Weg mit zahlreichen Informationstafeln ist mit einem gelben EU-Schiff auf blauem Grund markiert. Weitere Wanderrouten sind am Parkplatz beschrieben. Sehenswert ist auch der 1779 gegründete Eisenhammer 3 km nördlich von Hasloch. Oberschlächtige Wasserräder trieben hier früher vier Hämmer an, von denen heute noch zwei erhalten sind. Neun Meter lang und fast einen Meter stark ist der Wellbaum, dessen Nocken die bis zu 170 kg schweren Aufwerfhammer heben und auf das glühende Werkstück donnern lassen. Der Haslocher Hammer ist als lebendes Museum der letzte aktive von einstmals vielen Eisenhämmern im Spessart. Wagenreifen, Wagenachsen, Hebeleisen oder Pflugscharen wurden hier hergestellt. Heute werden immer noch z.B. Glockenklöppel geschmiedet.

KARTAUSE GRÜNAU

Die Kartause liegt ca. 10 km nordwestlich von Wertheim, ca. 2 km südlich von Schollbrunn und ca. 4 km nördlich von Hasloch am Main. Die Kartause selbst befindet sich mitten im Wald. Sie ist über Schollbrunn zu erreichen, wo man aus der Ortsmitte von der Straße Zur Kartause in den Sportplatzweg abbiegt und dann in den Wald Richtung Kartause gelangt. Bei den vielen unbeschilderten Abzweigungen der unbefestigten Waldwege stellt sich jedoch recht bald ein beunruhigendes Gefühl ein, die Zivilisation endgültig hinter sich gelassen zu haben. Ein gutes Navigationsgerät wirkt hier sehr beruhigend. Leichter tut man sich bei der Anfahrt aus Richtung Hasloch. Hier fährt man auf der Staatsstraße 2316 Richtung Schollbrunn zunächst an der Barthelsmühle vorbei. Unmittelbar nach der Fechermühle biegt rechts die Straße nach Michelrieth ab. Genau gegenüber der Abzweigung geht es zur Kartause, die man nach ca. 1 km über einen befestigten Waldweg erreicht.

Kartause und Ausflugslokal: Öffnungszeiten: Montag und Dienstag Ruhetag, Mittwoch bis Sonntag 10 bis 22 Uhr.

Eisenhammer Hasloch: 97907 Hasloch, Tel. 09392 1852; Öffnungszeiten: Montag bis Freitag 9 bis 15 Uhr, Samstag 9 bis 13 Uhr.

Rechte Seite: Naturschutzgebiet „Oberes Hafenlohrtal"

Das Hafenlohrtal im Spessart

Dies ist eine alte Landschaft. Die gibt es gar nicht mehr; hier ist die Zeit stehengeblieben. Wenn Landschaft Musik macht: dies ist ein deutsches Streichquartett. Wie die hohen Bäume rauschen, ein tiefer Klang, so ernst sehen die Wege aus ..." Mit diesen Worten beschrieb Kurt Tucholsky am 18. November 1927 in der Vossischen Zeitung unter dem Pseudonym Peter Panter seine Eindrücke einer ziemlich weinseligen Wanderung durch das Hafenlohrtal. Tatsächlich ist das Hafenlohrtal eine Landschaft, wie man sie so schnell nicht mehr findet. Gerade noch vor wenigen Jahren konnte die Vernichtung dieses einzigartigen Naturdenkmals durch einen Stausee verhindert werden. Besonders das Naturschutzgebiet „Oberes Hafenlohrtal" zählt zu den schönsten Tälern im Spessart mit riesigem Artenreichtum an Pflanzen und Tieren. Wer hier wandert, mag auch an die Verse des Schweinfurter Romantikers Friedrich Rückert denken: „Und als ich durch den Spessart ging, / dacht ich an alte Zeiten: / Da rauschte in dem Busch ein Ding, / Ich dacht, was wird's bedeuten? / Es wird ein alter Deutscher sein? / Da kam heraus ein alt wild Schwein." Dem scheuen Schwarzkittel wird man heute dort kaum noch begegnen. Dafür ist der Specht, der dem Spessart einst seinen Namen gab (von Spechteshart – Wald der Spechte) allgegenwärtig. Tier- und Pflanzenliebhaber kommen hier auf ihre Kosten: Schwarze Teufelskralle, Karthäusernelke, Herbstzeitlose, Sumpf-Schwertlilie, Gelbweiderich, Sumpf-Ziest, Drüsiges Springkraut, Flatter-Binse und Schnabelsegge wachsen in den feuchten, sumpfigen Auenwiesen oder den trockeneren Rasen der etwas höher gelegenen Abschnitte. Von der Sumpfschrecke bis zum Biber, den man aber nur sehr selten zu Gesicht bekommt, hat sich eine reiche Artengemeinschaft gebildet.

Dabei ist das Hafenlohrtal keineswegs unverfälschte, wilde Natur. Seit Jahrhunderten hat das Wirken des Menschen Spuren hinterlassen, die eine Kombination von Natur- und Kulturlandschaft entstehen ließen. An der Mündung der Hafenlohr im gleichnamigen Ort in den Main wurde Ton abgebaut. Getöpferte Teller am Haus Hettiger in der Hauptstraße und das Ortswappen künden vom alten Gewerbe. Das zwei Kilometer flussaufwärts gelegene Windheim war ein Zentrum der Holzverarbeitung. Viele kleine Schleusen und Wehre sorgten für das nötige Wasser, um die Stämme aus dem Spessart im Schwall Richtung Main zu schwemmen. Etwas weiter flussaufwärts wurde auf einigen größeren fruchtbaren Waldweiden auch Pferdezucht betrieben. Als herrschaftliches Gestüt diente den Würzburger Fürstbischöfen der Lindenfurter Hof. Der Hafenlohr weiter folgend geht es durch Wildgatter in ein anderes fürstliches Territorium: Seit 1803 betreibt die Linie Löwenstein-Wertheim-Rosenberg auf über 3.000 Hektar Jagd und Waldwirtschaft. In Einsiedel, einem ehemaligen Neustädter Priorat, ist heute noch die Forstverwaltung. Von 1807 bis 1889 stand hier außerdem mit der Karlshütte eine der größten Glasmanufakturen des Spessarts. Bei Erlenfurt war seit jeher die Grenze zum kurfürstlich Mainzer Territorium. Alte Grenzsteine bei der nur aus einem Bauernhaus und einem Forsthaus bestehenden Siedlung markierten die ehemaligen Territorien. Heute überquert man hier nicht nur die Landkreisgrenze von Main-Spessart zu Aschaffenburg, sondern auch die bei Sprachforschern berühmte „Appel-Apfel-Line", hinter der die Sprach-und Dialektmerkmale vom ostfränkischen ins hessisch-rheinfränkische übergehen. In Lichtenau wurde das Wasser der Hafenlohr zum Antrieb eines Eisenhammers genutzt. Ab 1813 gaben die Brüder Rexroth hier bis zu 100 Spessartern Lohn und Brot. Nach dem Ende dieser frühindustriellen Phase verblieb ein großer Gasthof. Über ihn schrieb Tucholsky in Anspielung an Hauffs berühmtes Märchen über das „Wirtshaus im Spessart" (das die Vorlage für den noch berühmteren Film mit Liselotte Pulver von 1958 abgab): „Dies ist nicht das Wirtshaus im Spessart, das liegt in Rohrbrunn – aber wir benennen das um. Hier ist es richtig." Weiter flussaufwärts folgen die schönsten vier Kilometer des Hafenlohrtals, in denen der Fluss in einer breiten Auenlandschaft mäandriert. Früher wurde auch hier Landwirtschaft betrieben. Heute dämmt nur noch eine jährliche Pflegemahd der Feuchtwiesen die Ausbreitung der flachen Gehölze ein. Auf der Höhe von Rothenbuch, wo die Hügellandschaft wieder enger an den

Fluss rückt, standen Mühlen. Außerdem ziehen sich viele alte Wässerungsgräben durch die Wiesen. Ein kompliziertes System an Wehren und Gräben sorgte für eine frühere Mahd und eine bessere Bewässerung in trockenen Zeiten. Bis zu vier Schnitte im Jahr waren somit möglich. Auch wenn die Gräben heute nicht mehr genutzt werden, zeichnen sich in den Grünflächen noch immer Spuren der alten Rücken- und Wässerwiesen ab. Das Schloss in Rothenbuch war Zentrum der kurmainzischen Forst- und Jagdverwaltung.

Das archäologische Spessartprojekt hat einen ca. 25 km langen Kulturweg erstellt, der von der Mündung in Hafenlohr bis zu den obersten Ausläufern in Weibersbrunn und Rothenbuch reicht. Busverbindungen führen zum Ausgangspunkt zurück. Zahlreiche Erläuterungstafeln berichten von Natur, Kultur und Literatur im Spessart. Der reichliche Tagesmarsch führt meist durch die Wälder und Waldsäume im Tal entlang. Man folge dem gelben EU-Schiff auf blauem Grund. Wegen eines Betretungsverbotes im Naturschutzgebiet wird der Fluss dabei nur selten gestreift. Auf den schattigen Wegen in klarer Luft stellt sich dafür recht bald ein entspannendes Naturerlebnis ein. Der Weg kann auch in Einzeletappen zurückgelegt werden. Wer nur die schönsten Stellen des Naturschutzgebietes erleben möchte, kann 1,5 km oberhalb von Lichtenau einen vom Bund Naturschutz angelegten Bohlensteg mitten durch die feuchten Auen der Hafenlohr benutzen. Von hier aus gelangt man gemütlich in einer halben Stunde zum Gasthaus im Hochspessart in Lichtenau. Von Rothenbuch aus ist ein kurzer Rundweg von ca. einer Dreiviertelstunde am Fluss entlang ausgeschildert, der an den alten Mühlen vorbeiführt. Zahlreiche weitere Wanderwege, etwa zu den Naturwaldreservaten „Hoher Knuck", „Metzgergraben" und „Krone" erschließen die Gegend. Auch für Rad- und Motorradfahrer ist die enge, gewundene Talstraße ein schönes Erlebnis.

Rechte Seite: Blick auf die Hauptburg von Innen

Die Burgruine Homburg bei Gössenheim

An der Spitze des Maindreiecks, etwa acht Kilometer östlich von Gemünden, liegt auf einem Muschelkalksporn über Gössenheim die Burgruine Homburg. Von ihr aus beherrschten die edelfreien Herren von Homburg an der Wern die sich weit öffnenden Flusstäler von Karsbach und Wern. Sie stammten wohl aus dem nahen Adelsberg bei Gemünden und ihr Wappen lässt vermuten, dass sie mit den Herren von Trimberg verwandt waren. Spätestens 1170 begannen sie ihre Höhenburg zu errichten, die ihren Besitz gegen die Konkurrenz der Herren von Rieneck absichern sollte, die in denselben Jahren am Eingang des Spessarts sich auszubreiten begannen. Das ursprünglich Hohenberg genannte Geschlecht stand dem Bistum Würzburg nahe. Längere Zeit stellten sie die Erbmarschälle des Hochstifts. Ein Dietrich von Homburg brachte es in den Jahren von 1223 bis 1225 sogar zum Bischof von Würzburg.

Die Homburg zählt heute zu den größten Burgruinen Deutschlands. Ihre Dimensionen sind beeindruckend. In ihren längsten Erstreckungen misst sie ca. 130 x 70 Meter; allein die Vorburg umfasst mit ihrer Ummauerung und einigen Wirtschaftsgebäuden an der inneren Mauer eine freie Fläche von ca. 3.500 Quadratmetern und damit ein gutes Tagwerk Land.

Die Baugeschichte der Homburg ist noch wenig erforscht. Nach einigen Quellen sollen ihre Anfänge sogar bis in das 11. Jahrhundert zurückgehen. Mehrere Um- und Ausbauphasen zeugen von einer kontinuierlichen Erweiterung der Anlage bis in das 15. Jahrhundert.

Der älteste Teil ist die von Mauer und Graben geschützte, kleine längsrechteckige Hauptburg mit ihrer Ausrichtung in die Flusstäler. Sie ist eng bebaut mit einem großen, mehrgeschossigen pallasartigen Hauptgebäude. Kleinere Anbauten, die wohl als Wirtschaftsgebäude oder Küche dienten, sind noch gut zu erkennen. Ein grabenbewehrter doppelter Zwinger nach Süden kam wohl im Spätmittelalter dazu. Der nach Süden gerichtete Bergfried ragt noch ein gutes Stück auf.

Jünger als die Hauptburg ist die östlich gelegene Vorburg. Eine dünne Schildmauer und ein Graben trennen die beiden

Anlagen, die jeweils einen völlig unterschiedlichen Eindruck erwecken. Während sich der heutige Besucher in der Hauptburg zwischen einem engräumigen Gewirr von Räumen und einem hochaufragenden Mauerwerk zurechtfinden muss, zeigt schon der Blick aus der Hauptburg in die Vorburg einen völlig anderen Typ. Weit öffnet sich hier der ummauerte Raum. Eine große Freifläche bot reichlich Platz für Lager, Zelte, Zuflucht oder gar ritterliche Turniere. Die starke Umfassungsmauer, die teilweise aus Buckelquadern besteht, dürfte aus dem 13. Jahrhundert stammen. Ein massiver Rundturm, der heute das am höchsten aufragende Bauteil der Burg darstellt, prägt die Schildmauer der Vorburg. Eine großzügige Kapelle und ein Flankierungsturm am Nordwesteck vereinigen die Wehrfunktion mit den wirtschaftlichen, sozialen und religiösen Ansprüchen der Burgherren. Ein wuchtiger Torflankierungsturm, der Faulturm (= Gefängnisturm) genannt wird, schützt den Zugang zur Vorburg.

Die Herren von Homburg bzw. Hohenberg besaßen die Burg bis zum Ende des 14. Jahrhunderts. Mit Dietrich von Hohenberg erlosch 1381 das Geschlecht. Ihr Erbe traten über mehr als ein Jahrhundert die Herren von Bickenbach an. Sie starben gegen Ende des 15. Jahrhunderts aus. Der Würzburger Bischof Rudolph von Scherenberg (1466 – 1495) erwarb schließlich 1492 die Burg und das dazugehörige Familiengut. Die Homburg war fortan (wie vorher schon die Burg der Herren von Trimberg) eine fürstbischöfliche Amtsburg, in der ein Amtsmann des Bischofs lebte. Anders als die meisten fränkischen Burgen überstand sie den Bauernkrieg 1525 ohne Schäden. Erst ein Brand in der Hauptburg im Jahr 1680 leitete den Verfall ein. Der Amtssitz wurde verlegt. Ab 1780 wurde die Ruine gar als Steinbruch genutzt. Der „Homburg und Denkmalschutzverein e.V." kümmert sich seit den 1960er Jahren um Erhalt und Restaurierung. Am Parkplatz unterhalb der Burg findet der Besucher beim „Schoppen Franz" fränkische Brotzeiten und Gössenheimer Weine. Mitte August findet das jährliche Burgweinfest statt.

Wer die Auffahrt zur Burg gefunden und den Parkplatz erreicht hat, wird zunächst etwas enttäuscht sein und zugleich verwirrt. Von einer der größten Burgruinen Deutschlands ist von dort aus nämlich nur die Krone eines kleinen Türmchens zu sehen. Jedoch fühlt sich der Besucher unversehens in weit südlicher vermutete Gefilde versetzt: kahle Hochflächen mit spärlichem Grasbewuchs zwischen dem überall hervorlugenden spröden Muschelkalk, ein paar dürre Hecken und knorrige Nadelhölzer, die um jeden Tropfen Wasser zu ringen scheinen. Tatsächlich betritt der Besucher hier (und hoffentlich nur auf den vorgegebenen Wegen) eines der außergewöhnlichsten Naturreservate Frankens. Seit 1986 steht das Gebiet um die Ruine unter Naturschutz; mit 613 ha ist es zugleich das größte Schutzgebiet des Landkreises Main-Spessart, das seit 2000 als Flora-Fauna-Habitatgebiet dem europäischen Schutzgebietsnetz NATURA 2000 angehört. Vor der Erkundung der Ruine darf man sich also ruhig etwas Zeit nehmen für den Steppenheidewald, in dem zwischen Kiefern und Eichen auch der seltene fränkische Ahorn wächst. Empfohlen sei zuletzt, nach dem Abstieg von der Burg bei einem der Gössenheimer Winzer Halt zu machen, um im Haus- und Hofverkauf ein paar Flaschen Gössenheimer Homburg mitzunehmen, den die trockenen Muschelkalkböden zu besonders charakteristischen Frankenweinen heranwachsen lassen.

BURGRUINE HOMBURG

Die Homburg liegt oberhalb von Gössenheim, sie zu finden, ist aber gar nicht so einfach. Zwar thront sie weithin sichtbar auf einer Anhöhe, doch die Hinweisschilder sind recht bescheiden. Von der Ortsmitte aus führt ein beschwerlicher Fußpfad zur Ruine. Wer sich die Mühen des Anstiegs ersparen will, kann mit dem Auto bis an den Fuß des Hochplateaus fahren. Hierzu biegt ein Weg an der B 27 von Karlstadt kommend gleich nach dem Ortseingang rechts ab. Die Burgruine ist ganzjährig geöffnet.

Ausflugsgaststätte „Schoppen Franz“: Öffnungszeiten: Ostern bis Ende Oktober, Mittwoch bis Sonntag ab 12.00 Uhr, November bis Ostern, Samstag, Sonn- und Feiertage ab 12.00 Uhr.

Rechte Seite: Renaissance-Treppenturm zum Schloss

Die Kloster- und Schlossruine Schönrain

Die Klosterruine Schönrain hat einiges mit dem Kloster Schönau gemein, das nur sieben Kilometer Luftlinie weiter nordöstlich auf der anderen Mainseite bei Gemünden liegt. Schönrain wurde ebenfalls als Kloster gegründet. Lokale Adelsgeschlechter, besonders die Rienecker, engagierten sich früh für eine Förderung des Klosterlebens und verbanden damit auch territorialpolitische Interessen. Krisen erlebten beide Klöster. Schönrain überstand sie jedoch im Unterschied zu Schönau nicht. Die Anfänge von Schönrain liegen etwas früher als die von Schönau. Um 1080 stiftete hier Ludwig der Springer, der mit den späteren Grafen von Rieneck verwandt war, ein Benediktinerkloster, das der Hirsauer Reformbewegung unterstellt war. Hohe Politik spielte dabei gewiss eine zentrale Rolle. In der Zeit des Investiturstreits sollte die Klostergründung eine Speerspitze der adeligen und kirchlichen Opposition gegen Kaiser Heinrich IV. im ansonsten weitgehend königstreuen Mainfranken darstellen. Andere Gründungen Ludwigs des Springers hatten allerdings länger Bestand, etwa das thüringische Kloster Reinhardsbrunn, das sich zum Ludowingischen Familienkloster entwickelte, oder die heute noch vielbesuchte Wartburg.

Ab der Mitte des 12. Jahrhunderts hatten die Rienecker die Klostervogtei inne. Zusammen mit Schönau diente Schönrain zur Intensivierung ihrer Territorialpolitik am Ostrand des Spessarts zwischen den Hochstiften Mainz und Würzburg. Zu Beginn des 13. Jahrhunderts wurden um das Kloster sogar Befestigungsanlagen errichtet und 1319 erwarb die Grafschaft unbebautes Land vom Kloster. Wie Schönrain wurde auch Schönau im Bauernkrieg 1525 geplündert und teilweise niedergebrannt. Die Mönche flohen in ihr Mutterkloster Hirsau. Graf Philipp III. von Rieneck, der inzwischen zur Lehre Martin Luthers übergetreten war, nutzte die Gelegenheit, das gesamte Kloster günstig zu erwerben. Gegen den Widerstand des Bischofs von Würzburg ließ er die Klosterkirche, vermutlich eine

Rechte Seite, oben: Die Schlossruine im Wald
Rechte Seite, unten: In den Nebengebäuden des Schlosses und im kleinen Tor in der Umfassungsmauer sind Reste der abgebrochenen Klosterkirche verarbeitet

35

dreischiffige Basilika mit Apsiden in typisch Hirsauer Manier, so vollständig niederlegen, dass heute die Grundmauern nur mit großen Schwierigkeiten rekonstruierbar sind. An ihrer Stelle wurde ein schlossartiger Verwaltungs- und Wohnbau im Stil der Renaissance errichtet. Nach dem erbenlosen Tod Philipps diente Schönrain seiner Gemahlin Margareta noch 15 Jahre als Witwensitz. Mit dem Aussterben der Rienecker fiel das ehemalige Kloster zunächst an die Grafen von Isenburg, nach deren Ende an das Hochstift Würzburg. Jetzt hätte die Möglichkeit bestanden, das Kloster wiederzubeleben. Doch Fürstbischof Julius Echter von Mespelbrunn ließ die Gelegenheit verstreichen und wandelte das Schloss in einen würzburgischen Amtssitz um. Wald, Jagdrechte und Besitz in Hofstetten, Massenbuch und Halsbach beaufsichtigte nun ein Amtmann, der alleine mit einem Jäger die riesige Schlossanlage bewohnte. Anders als in Schönau fand sich hier kein engagierter Wiederbegründer klösterlichen Lebens. So verfiel das nur sparsam unterhaltene Schloss. Nach der Säkularisation des Hochstifts 1803 wurde es ganz aufgegeben. Das königlich-bayerische Forstamt als Nachfolger des Schönrainer Amtes wurde nach Massenbuch verlegt. Zum Bau wurde sogar der Dachstuhl des Schlosses abgebrochen und wiederverwendet. Damit besitzt das an Ruinen aus dem Bauernkrieg oder Dreißigjährigen Krieg so reiche Mainfranken in Schönrain auch eine sonst recht seltene „Säkularisationsruine“. Ohne Dachstuhl dauerte der vollständige Verfall nur wenige Jahre. Die Bauern der Nachbarorte nutzten die Reste als Steinbruch. So finden sich heute Spolien aus Schönrain in Wiesenfeld, Hofstetten und Massenbuch.

Einer der Hohlwege auf dem mit L3 bezeichneten Wanderweg, der zur Ruine führt

Zu den noch immer beeindruckenden Mauerresten verirrt sich nur selten ein Tourist. Kaum beschildert liegt die Ruine eines ehemals riesigen Hirsauer Klosters und späteren Rienecker Schlosses auf einem Hügelrücken mitten im Wald. Der Schlossbau ragt noch hoch auf. Doch Böden und Zwischenwände sind eingebrochen. Nur der Treppenturm steht noch und ist bis zum obersten Stock begehbar. Vom ihm aus sieht man durch Fensteröffnungen in den mächtigen Bau und über das Maintal und die Wälder des Spessarts. Im Umfeld ist die Umfassungsmauer des Schlosses noch erhalten. In den vollständig erhaltenen Kellern lebt die selten gewordene Mopsfledermaus. Im Brunnenhaus und im kleinen Tor zum Schlosshof sind alte Säulen und Relieffragmente der abgebrochenen Klosterkirche verarbeitet. Von den Nebengebäuden des Schlosses stehen nur noch spärliche Reste, die sich die Natur langsam zurückerobert. Inmitten der Abgeschiedenheit der dichten Spessartwälder macht die Ruine einen wahrhaft romantischen Eindruck. Trotz ganz ähnlicher Ursprünge wie im benachbarten Schönau haben die Zufälle der Geschichte hier also ganz andere Wege eingeschlagen und auch ganz andere Ergebnisse hinterlassen. Dort ein noch lebendiges Kloster, hier eine überwucherte Ruine im Wald.

Schönrain ist von Gemünden aus in wenigen Minuten zu erreichen. Daneben lohnen auch Ausflüge nach Lohr und Rieneck. Vor allem für Wald- und Wanderfreunde ist Schönrain ein wunderbares Ziel. Im Herbst ist die Gegend um Schönrain ein Paradies für Pilzfreunde. Mehrere ausgeschilderte Routen führen an der Ruine vorbei. Ein möglicher Ausgangsort ist ein Wandertafel-Standort bei Halsbach. Man findet die Wandertafel, wenn man von Hofstetten weiter mainabwärts fährt. Etwa 1 km nach dem Ortsende überquert eine Bahnbrücke das Maintal (sie führt übrigens in einen Tunnel, der direkt unter der Ruine hindurchgeht). Gleich nach der Brücke biegt links ein Forstweg ab, wo man das Auto stehen lassen kann. Gegenüber der Einfahrt steht eine Tafel, die mehrere Routen anzeigt. Die Route 14/51 führt in 10 km Länge über Massen-

buch, Schönrain und die Veitenmühle. Mit 5 km deutlich kürzer führt die sehr schöne Route 55 über Schönrain, das Jugendheim Fuchslochgraben und den Talweg am Ziegelbach. Weiterhin liegt Schönrain am gut beschilderten Marienweg, über den sie von den Ausgangspunkten Gemünden (6 km) und der Karchesmühle (2,8 km) erreichbar ist, sowie am mit einem Specht bezeichneten Spessartweg Nr. 1, wo sie von den Punkten Gemünden (6,5 km), Massenbuch (2,6 km) oder der Karchesmühle (2,8 km) und Lohr (12,5 km) aus erwandert werden kann. Wer möchte, kann auch den mit L3 bezeichneten Weg vom Ausgangspunkt Steinbach, Hofgartenstraße (5 km) oder Lohr am Main (8 km) wählen. Im Umkreis der Ruine führt er jedoch durch viele steile Hohlwege in einem wahrhaft finstren Tann. Gutes Schuhwerk ist Pflicht!

SCHÖNRAIN

Die Ruine Schönrain liegt auf einem vollständig bewaldeten Bergsporn an einem Mainknie ca. 4 km Luftlinie südwestlich von Gemünden. Bei Gemünden überquert man den Main, dann rechts nach Hofstetten abbiegen und durch den Ort weiter in Richtung Steinbach fahren. Etwa 500 m nach Ortsende liegt linker Hand ein Parkplatz. Hier kann man das Auto stehen lassen. Keine 100 m nach dem Parkplatz weiter in Richtung Steinbach biegt ein für den Autoverkehr gesperrter Forstweg in den Wald ab. Über ihn erreicht man nach 1,5 km Aufstieg die Ruine auf dem kürzesten Weg. Ansonsten ist die Wandertafel etwas weiter die Straße entlang kurz hinter der Bahnbrücke Ausgangspunkt für ausführlichere Wanderungen.

Rechte Seite: Burg Rieneck aus der Luft

Die Burg Rieneck

Am Ostrand des Spessarts, fünf Kilometer von der nordwestlichen Spitze des Maindreiecks erhebt sich über dem Tal der Sinn die gewaltige Stammburg der Grafen von Rieneck. Das Geschlecht stammte ursprünglich aus der Gegend um Andernach am Rhein, wo es bereits eine Burg mit dem Namen Rheineck besaß. Graf Arnold I. von Loon (1101 – 1139) sorgte schließlich für die Verlagerung des Stammsitzes an die Sinn. Seine Erbansprüche auf den Rheinischen Besitz erwiesen sich als nicht durchsetzbar. So musste ein neues Kastell die vor allem im Königsdienst erworbenen neuen Territorien absichern. Den alten Namen „Rheineck" nahm man mit. Spätestens Ludwig I. (um 1104 – 1171), der Enkel Arnolds I., begann um 1150 mit dem Umbau des Kastells zu einer großen Höhenburg und nannte Burg und Geschlecht fortan „Rieneck".

Die Rienecker wurden zur Speerspitze staufischer Königspolitik in Franken. Mit der Vogtei über das Aschaffenburger Stift St. Peter und Alexander, mit Heiratsverbindungen, die Besitz um Rimpar und in der Taubergegend einbrachten, und mit der Burgvogtei über Mainz hatten sie maßgeblichen Einfluss in einem umfangreichen Territorium zwischen den beiden Hochstiften Mainz und Würzburg. Die Stammburg Rieneck wurde so zu einem machtvollen Symbol der Territorialherrschaft eines Adelsgeschlechts im 12. Jahrhundert. Sie ist zugleich eine der besterhaltenen Höhenburgen des Hochmittelalters. Nach dem Aussterben der Rienecker im 16. Jahrhundert fiel ihre Herrschaft zu einem kleineren Teil an die Landgrafschaft Hessen und an das Hochstift Würzburg, zum größeren Teil an das Hochstift Mainz. Der Erzbischof von Mainz errichtete in Lohr einen neuen Verwaltungsmittelpunkt der Rieneckschen Güter. 1815 kam der ganze Besitz an das Königreich Bayern.

Der kleine Hügel im Sinntal bot beste Voraussetzungen für die Errichtung einer Burg. Drei Seiten waren durch das natürliche Profil gesichert, sodass nur vor dem Torzugang ein klei-

Rechte Seite: Im Inneren des Bergfried führen steile Treppen mehrere Stockwerke nach oben durch eine beheizbare Stube über die Turmkapelle bis zur Aussichtsplattform

nerer Stichgraben ausgehoben werden musste. Kern der Burg wurde der heute noch vollständig erhaltene Bergfried. Ganze 19 Meter hoch ragt das unregelmäßige Siebeneck des „Dicken Turms“ noch auf. Seine bis zu sechs Meter starken Mauern aus staufischen Buckelquadern mussten unüberwindlich erscheinen. Schon beim Betreten des Eingangs in vier Metern Höhe entsteht der Eindruck, zunächst durch einen Tunnel in das Innere zu gehen – dabei ist es nur das massive Mauerwerk in seiner vollen Stärke. Nach oben wird die Mauerstärke kaum geringer. In jedem Stockwerk gibt es tiefe, trichterförmige Öffnungen in den Wänden, von deren Ende her durch kleine Durchlässe ein wenig Licht in die hohen Räume dringt. Von oben aus gibt es einen wunderbaren Blick über Sinntal und die weiteren Bestandteile der Burg. Sehenswert ist auch noch ein Kaminzimmer in einem der mittleren Stockwerke. Gleich neben der Treppe führt ein kaum schulterbreiter Gang in die Tiefe des Mauerwerks. An seinem Ende zeigt ein kleines Loch am Boden einer Sitznische, wofür dieses „heimliche Gemach“ gedacht war. Der eindruckvollste Raum befindet sich im dritten Stockwerk des Bergfrieds. Vom Kernraum aus führt eine kleine Tür mit einem Tympanon in eine Turmkapelle, die vollständig in die meterstarken Turmmauern eingebaut ist. Kleeblattförmig sind drei Apsiden um eine winzige Zentralkuppel angeordnet. Die Enge, das grobe Mauerwerk und die aus den Mauersteinen herausgehauenen Halbsäulen und Kapitelle geben dem finsteren Kapellenraum einen nahezu mystischen Hauch.

Um den Bergfried herum wuchs in den folgenden Jahrhunderten der Rest der Burg. Etwas jünger dürfte der gegenüberliegende, 29 Meter hohe achteckige „Dünne Turm“ sein. Auch die romanische Burgkapelle, ein schlichter, hallenförmiger Kirchenraum, stammt noch aus der zweiten Ausbauphase. Die weiteren, ursprünglich wohl aus Fachwerkbauten bestehenden Gebäude der Burg kamen im 15. und 16. Jahrhundert hinzu. Der Palas neben dem Eingangstor zeigt mit seinem reizvollen Erker ganz deutliche Spuren der Renaissance. Zwinger und Rondelle dürften ebenfalls dem 15. und 16. Jahrhundert zuzuschreiben sein, während das Westtor durch eine Inschrift auf das Jahr 1613 datiert ist. Vor allem die neuzeitlichen Umbauarbeiten machen es gelegentlich schwer, genaue Datierungen zu treffen. Die Baugeschichte Rienecks ist noch nicht richtig untersucht.

Trotz zahlreicher Umbauten sind noch viele Bestandteile vollständig erhalten. Der Charakter einer typischen hochmittelalterlichen Höhenburg ist hier erlebbar. Zweimal wurde die Burg im Dreißigjährigen Krieg eingenommen. Den mächtigen Mauern konnte dies aber nichts anhaben. Nach dem Ende der Grafschaft im Jahr 1815 wechselten die Besitzer häufig. Um 1860 verkaufte das Königreich Bayern die Anlage an Franz von Rinecker (1811 – 1883), der durch die Förderung Ludwigs I. von Bayern (1825 – 1848) seit 1838 ordentlicher Professor für Arzneimittellehre an der Universität Würzburg war. Er gilt heute als einer der Begründer der modernen Medizin. Wegen seiner Namensähnlichkeit wähnte er sich den ausgestorbenen Grafen von Rieneck verwandt und glaubte, im Geist der romantischen Mittelalterverehrung des 19. Jahrhunderts, deren Fortleben im alten Gemäuer zu repräsentieren. Zwar trug er viel zum Erhalt der Burg bei, seine Umbaumaßnahmen im Stil der Neugotik machen es der modernen Bauforschung aber schwer, Altes von Neuem zu unterscheiden.

Im 20. Jahrhundert war die Burg zunächst im Besitz des damals vielgelesenen deutschnationalen Schriftstellers Walter Bloem (1868 – 1951), der hier seine historischen Erzählungen sowie Militär- und Kriegsromane schrieb. Er ließ 1929 Fenster in den „Dünnen Turm" brechen und einen Verbindungsbau zwischen den beiden Türmen errichten. Weiter diente die Burg als Kinderferienheim, als Sportschule der SA, als Lazarett, Gefangenenlager und Krankenhaus. Seit 1959 ist die Christliche Pfadfinderschaft Burgherr. Sie unterhält nach einer 2003 abgeschlossenen Generalsanierung heute ein Erholungs- und Bildungsheim mit Tagungsräumen und über 130 Betten. So ist der Burghof nicht selten belegt von Jugendgruppen am Lagerfeuer, die das alte Gemäuer wieder mit Leben erfüllen.

Das Städtchen Rieneck entwickelte sich ab dem 13. Jahrhundert aus einer Burgmannensiedlung am Fuße der Burg. Sehenswert ist das historische Rathaus aus dem 15./16. Jahrhundert. An dem Fachwerkgebäude mit einem schönen Erker gibt es noch einen Halseisenpranger. Er verweist auf das Recht des Rienecker Zentgerichts, auch Todesstrafen aussprechen zu dürfen. Gleich gegenüber steht ein grau verschindeltes Haus mit einem außergewöhnlichen Vorbau auf kräftigen Holzsäulen. Das Café Klein & Fein bietet nebenan köstlichen hausgemachten Kuchen – auch im Glas zum Mitnehmen. Rieneck eignet sich als Ausgangspunkt weiterer Ausflüge in Spessart oder in die Rhön. Ein sehenswertes kleineres Städtchen in der Nähe ist Lohr mit dem Spessartmuseum. Dort sollte man unbedingt einen Besuch im Weinhaus Mehling (Hauptstraße 30) einplanen. Das denkmalgeschütze Gasthaus zeigt im Ratsstüble und im Hauptgastraum Wandvertäfelungen, Holz- oder Stuckdecke, wie sie einem honorigen fränkischen Wirtshaus im 19. Jahrhundert zur Ehre gereichte. Ein Teil der Inneneinrichtung stammt unverändert aus den 1930er Jahren. Die Weinkarte ist noch immer jene, die in den 1950er Jahren der beliebte fränkische Holzschnittkünstler Richard Rother (1890 – 1980) entwarf. Guter, bodenständiger Wein, dazu die „Mehlingsbrezeln" der Hausbäckerei machen die Einkehr zum Erlebnis.

Eine weitere Höhenburg, die eng mit der Geschichte der Rienecker verbunden ist, befindet sich ca. 25 km mainabwärts. Die Burg Rothenfels hat ebenfalls noch einen gut erkennbaren hochmittelalterlichen Kern mit einem mächtigen Bergfried. Sie war eine Rienecksche Nebenburg und hat seit dem Kauf durch die katholische Jugendbewegung „Quickborn" im Jahr 1919 ebenfalls ein christlich geprägtes Nachleben. Der Theologe Romano Guardini (1885 – 1968) war hier von 1927 bis 1939 Burgleiter und Wegbereiter einer liturgischen Bewegung, die das Zweite Vatikanische Konzil anregte. Innenräume und Einrichtungsgegenstände sind von der Bauhaus-Tradition beeinflusst. Heute ist Rothenfels Jugendherberge und christ-

liches Bildungs- und Tagungshaus in freier Trägerschaft. Von den Zinnen aus hat man einen wunderbaren Ausblick über das Maintal. Einkehren sollte man in Rothenfels unbedingt im Weinhaus „Zum Rothen Ochsen", einem wundervollen Fachwerkbau von 1585 zu Füßen der Burg (Hauptstraße 67). Die Gaststube im ersten Stock erreicht man über eine Renaissance-Spindeltreppe. Oben entfalten barocke Decken, Biedermeiervertäfelung und eine klassizistische Inneneinrichtung, von der kein Stück jünger als 100 Jahre ist, eine nahezu museale Atmosphäre. Die deftigen Brotzeiten und die Juliusspital-Weine versetzen den Gast in eine vergangene Zeit. Der Wein wird aus einer historischen Schank gereicht. Daneben steht ein gusseiserner Prunkofen von 1676 mit biblischen Szenen. Das Weinhaus „Zum Rothen Ochsen" ist seit 1710 in Familienbesitz – ein Glücksfall für Gastronomie und Denkmalpflege.

RIENECK

Burg und Burghof sind frei zugänglich. Über eine steile Auffahrt gelangt man bis zu einigen Parkplätzen direkt vor dem Zwinger. Für Gruppenbesichtigungen wird um eine Voranmeldung gebeten. Um den sehenswerten Bergfried mit der Mauerkapelle von innen zu besichtigen, kann man während der Öffnungszeiten der Burgvogtei einen Schlüssel erhalten (Tel. 09354 902317). Öffnungszeiten Vogtei: Montag bis Freitag 7.30 bis 13 Uhr, Samstag, Sonn- und Feiertage 8 bis 12 Uhr; Eintritt frei. Um eine kleine Spende zum Erhalt der Kapelle wird gebeten.

Glossar

Allianzwappen Darstellung zweier Wappen, deren Träger durch Herkunft, Verwandtschaft oder politische Allianzen verbunden sind. Neben einem geteilten Wappen kommt die Form des Doppelwappens vor.
Altan auch Söller Durch Säulen oder Mauern abgestützter Austritt an einem Gebäude, bei städtischen Bauten auch in Form einer offenen Plattform mit eigenem Treppenaufgang, bei Burgen häufig als Verbindung zu einem Wach- oder Aussichtsposten oder einem Freisitz.
Aquamanile Wassergefäß für die Handwaschung bei Tisch oder bei der Liturgie, häufig figürlich gestaltet und im Hoch- und Spätmittelalter meist aus Bronze.
Bergfried Hauptturm einer Burg, der bei Belagerungen als letzter Rückzugsort diente.
Centgraf auch Zentgraf Amtsbezeichnung für die Stellvertreter eines Grafen bzw. sonstigen Territorialherren als Vorsitzender eines Zentgerichts (Hochgericht).
Chorherr Synonym für einen Kleriker, der Mitglied einer Stiftskirche ist. Regulierte Chorherren leben nach einer Ordensregel (meist nach einer der Regeln des hl. Augustinus), besitzen die Priesterweihe und haben ein Ordensgelübde abgelegt, ohne jedoch Mönch zu sein.
Domkapitel Kleriker meist adeliger Herkunft an einer Domkirche mit geistlichen oder weltlichen Verwaltungsaufgaben.
Epitaph In einer Kirche aufgestelltes Grabdenkmal zur Erinnerung an einen besonders hervorgehobenen Verstorbenen, häufig aufwendig künstlerisch gestaltet. Im Vordergrund steht die Memorialfunktion; das Epitaph bezeichnet nicht zwangsläufig zugleich auch den Begräbnisort.
Fiale Aus Stein gemeißelte, schlanke, spitz auslaufende Türmchen, die in der gotischen Architektur zur Überhöhung oder als Abschluss von Strebepfeilern dienen.
Fries siehe Rundbogenfries
Häcker Weinbergarbeiter, (abgeleitet von der Hacke, mit der er den Weinberg bearbeitete), meist einfacher Taglöhner oder Kleinwinzer mit gepachteter Parzelle.
Halbschalenturm auch Schanzturm genannter steinerner Wehrturm in der äußeren Mauer einer Burg oder Stadt, auf der Rückseite offen in leichterer Bauweise.
Halsgraben Künstlich angelegter Graben einer Burg, der nur jene Teile einer Burg abriegelte, die nicht durch natürliche Hindernisse geschützt waren.
Hochstift Bezeichnung für den weltlichen Besitz an Ländereien und Rechten eines Bistums.
Kapitelsaal Versammlungsstätte einer klösterlichen Gemeinschaft zur täglichen geistlichen Lesung und zur Beratung über alle die Gemeinschaft betreffenden Angelegenheiten.
Karner auch Beinhaus oder lat. Ossuarium Überdachter Raum zur Aufbewahrung der Gebeine von Verstorbenen.
Kemenate Vornehmlich Frauen, Rittern und Adeligen vorbehaltener Wohn- oder Arbeitsraum einer Burg, der oft als einziger Raum der Burg mit Kamin oder Kachelofen beheizbar war.
Keuper Gesteinsschicht aus der erdgeschichtlichen Trias-Gruppe, entstanden vor 235 bis 199 MIlionen Jahren, gefolgt von Muschelkalk und Buntsandstein.
Kirchenburg siehe Wehrkirche.
Klausur Abgeschlossener Teil eines Klosters, der von Laien nicht betreten werden durfte und nur den Mönchen bzw. Nonnen vorbehalten war. Zur Klausur gehören Schlafsaal (Dormitorium) bzw. Zellen und Zellengang, Speisesaal (Refektorium), Kapitelsaal, Kreuzgang und der von einem Lettner abgetrennte Mönchschor der Klosterkirche.

Konsolstein auch Kragstein Aus der Wand herausragender Stein oder Vorsprung mit tragender Funktion für Gesimse, Bögen, Figuren, Balkone, Rundbögen etc.

Konversen auch Laienbrüder Mönche minderen Ranges, die zwar ein Gelübde abgelegt hatten, aber ohne Empfang der Priesterweihe die praktische Arbeit in Werkstätten und in der klösterlichen Landwirtschaft versahen. Vor allem die Zisterzienserklöster hatten zahlreiche Konversen, da die Zisterzienserregel den „Herrenmönchen" engere Kontakte mit der Außenwelt verbot.

Kreuzgratgewölbe Bereits in der Antike gebräuchliche Bauform, bei der sich zwei Tonnengewölbe rechtwinklig durchdringen, wobei vier Kappen entstehen. Wo die Kappen aufeinandertreffen, entstehen zwei sich kreuzende diagonale Grate von der Gewölbespitze bis zu den vier Widerlagerpunkten in den Ecken.

Lanzenturm Einer Gebäudefront oder einer Dachkonstruktion vorgesetzter Turm, häufig als Uhrturm ausgeführt.

Lettner auch Chorschranke Gemauerte oder auch schmiedeeiserne Abtrennung zwischen Altarraum und Chor, der den Mönchen vorbehalten war, und dem auch für Laien zugänglichen Bereich einer Klosterkirche.

Mediatisierung Mit dem Reichsdeputationshauptschluss von 1803 einsetzende Unterstellung zuvor reichsunmittelbarer Gebiete unter einen Landesherrn.

Mesusa Kleine Schriftkapsel mit kurzen Abschnitten aus der Tora, die bei traditionellen jüdischen Haushalten an den Türpfosten befestigt wird.

Orangerie Repräsentativer Schutzbau für exotische, nicht winterfeste Zitruspflanzen, häufig in barocken Schloss- und Gartenanlagen.

Palas Großer herrschaftlicher Wohn- oder Saalbau einer Burg, häufig mit besonderen architektonischen Zierelementen. Neben dem rein militärischen Zwecken dienenden Bergfried ein charakteristischer Bestandteil des Burginneren.

Parlatorium Besonderer Raum eines Klosters, meist am Kreuzgang gelegen, in dem zu bestimmten Zeiten die Mönche vom Schweigegebot befreit waren und somit sprechen durften.

Patronat von lat. patronus = Schutzherr, im kirchenrechtlichen Sinne Kirchenherr, der als Kircheneigentümer eine besondere Verantwortung für die Kirche übernimmt und daraus auch besondere Rechte ableitet. Er trägt Baulast und Unterhalt der Kirche, darf dafür auch bei der Pfarrereinsetzung mitbestimmen. An Ehrenrechten stehen ihm ein besonderer Platz in der Kirche zu (häufig Patronatsgestühl in protestantischen Kirchen) oder das Recht auf Bestattung innerhalb der Kirche.

Pieta In Malerei und Plastik Darstellung der Maria als Schmerzensmutter mit dem vom Kreuz abgenommenen Leichnam Jesu auf dem Schoß.

Ponor Häufig in Kalkböden auftretende Karsterscheinung, bei der ein fließendes oder stehendes Gewässer ganz oder teilweise in eine Bodenöffnung abfließt und unterirdisch weiterfließt.

Prämonstratenserorden Norbert von Xanten gründete 1120 in Prémontré bei Laon mit 13 Gefährten eine klösterliche Gemeinschaft. Sie orientierte sich an asketischen Idealen der Urkirche, pflegte jedoch auch seelsorgerische Außenkontakte. Als Regel verbreitete sich die Augustinerregel. Aus dem Zusammenschluss selbstständiger Klöster entstand schließlich der Prämonstratenserorden (im Norden auch Norbertinerorden) als größter Orden regulierter Chorherren. Anfangs bestanden in vielen Prämonstratenserklöstern Doppelkonvente, in denen organisatorisch getrennt Frauen und Männer einem Kloster angehörten.

Predella von italienisch Stufe oder Tritt. In der Kunstgeschichte Bezeichnung für einen Sockel oder eine

Stufe, der oder die auf dem Altartisch stehend den Hauptaltar trägt. Die Predella ist oft als eigenständiges Bild, Flachrelief oder Nische mit eigenen Skulpturen ausgeformt, die Bezug auf das Motiv des Altars nehmen.

Propstei Klösterliche Niederlassung, häufig nicht völlig autonom, sondern einem anderen Kloster oder einer Abtei unterstellt.

Refektorium Speisesaal der Mönche in einem Kloster.

Reformorden Bezeichnung für diejenigen vorwiegend im Hochmittelalter gegründeten Ordensgemeinschaften, die nach einer reineren und strengeren Form der Regelauslegung strebten. Armutsideal, Askese und Weltabgewandtheit standen im Vordergrund. Zu den Reformorden zählen Zisterzienser, Prämonstratenser, Kartäuser oder Augustiner.

Rundbogenfries Architektonisches Zierelement vor allem bei romanischen und gotischen Gebäuden bestehend aus aneinander gereihten Halbkreisbögen, deren Schenkel auf kleinen Konsolen aufliegen können.

Sakramentshaus Häufig kunstvoll aus Stein gestalteter Aufbewahrungsort des eucharistischen Leibes Christi („Altarsakrament") im Kircheninneren. Insbesondere gotische Sakramentshäuser bestehen aus pfeilerartigen Konstruktionen mit Bildhauerarbeiten und Maßwerk, das fast die Höhe des gesamten Kirchenraums einnehmen kann.

Schildmauer Höchste und stärkste sowie deutlich vom Rest der Umfassungsmauern abgesetzte Mauer einer Burg.

Visitation von lat. visitare = besuchen; Besuch eines Oberen mit Aufsichtsbefugnis zur Bestandsaufnahme und Kontrolle der Einhaltung von Normen. Bei einigen Orden, insbesondere bei den Zisterziensern und Zisterzienserinnen war die jährliche Visitation durch eine Delegation des Mutterklosters fester Bestandteil der Ordensverfassung.

Volute von lat. volutum = das Gerollte. Besonders in der künstlerischen Ornamentik und in der Architektur gebräuchliche Schneckenform. Voluten finden sich häufig an Konsolen, Giebeln oder Kapitellen.

Zehntscheuer Herrschaftliches Verwaltungsgebäude zur Lagerung bäuerlicher Naturalabgaben.

Literatur

Antonow, Alexander: Burgen im Main-Viereck. Breuberg, Freudenberg, Miltenberg, Prozelten, Rothenfels, Wertheim, Wildenberg, Frankfurt am Main 1987.

Breuer, Tilmann u. a. (Bearb.): Dehio. Handbuch der Deutschen Kunstdenkmäler, Bayern Bd. 1 (Franken), München und Berlin 1999.

Brückner, Wolfgang/Lenssen, Jürgen (Hrsg.): Zisterzienser in Franken. Das alte Bistum Würzburg und seine einstigen Zisterzen, Würzburg 1991.

Brückner, Wolfgang/Schneider, Wolfgang (Hrsg.): Wallfahrt im Bistum Würzburg. Gnadenorte, Kult- und Andachtsstätten in Unterfranken, Würzburg 1996.

Chevalley, Denis André: Unterfranken, in: Michael Petzet/Bayerisches Landesamt für Denkmalpflege (Hrsg.): Denkmäler in Bayern. Regierungsbezirke. Bd. VI, München 1985.

Dettelbacher, Werner/Fröhling, Stefan/Reuß, Andreas: Franken. Entdeckungsfahrten zwischen Spessart und Fichtelgebirge: Würzburg, Nürnberg, Bamberg, Bayreuth, Rothenburg, Ostfildern [4]2007 (DuMont Reiseführer).

Dittrich, Joachim: Burg Hohenberg an der Wern (Homburg), Rottendorf 2010.

Faber, Annette/Lenssen, Jürgen: Die Ritterkapelle in Hassfurt, Regensburg 2011 (Großer Kunstführer Schnell & Steiner Bd. 263).

Haus der Bayerischen Geschichte: Burgen und Schlösser in Bayern, http://www.hdbg.eu/burgen/

Haus der Bayerischen Geschichte: Klöster in Bayern, http://www.datenmatrix.de/projekte/hdbg/kloster/index.php

Hogg, James: Die Kartause Grünau, in: Koller, Michael (Hrsg.): Kartäuser in Franken, Würzburg 1996 (Kirche, Kunst und Kultur in Franken Bd. 5), S. 79–94.

Hotz, Joachim: Wiesentheid. Katholische Pfarrkirche St. Mauritius, Kurzführer Regensburg 2001.

Karlinger, Hans: Bezirksamt Haßfurt. Kunstdenkmäler des Königreichs Bayern Reihe III, Bd. 4, München 1912.

Kuderer, Gunnar: Jakobskirche Urphar, München, Berlin o. J. [[3]2000] (DKV-Kunstführer. Nr. 188).

Mader, Felix/Lill, Georg: Stadt und Bezirksamt Schweinfurt, Kunstdenkmäler des Königreichs Bayern Reihe III, Bd.17, München 1917 (Nachdruck München 1983).

Menth, Georg: Fränkisches Spitalmuseum Aub, München 2005.

Menth, Georg: Stadt Aub: Baldersheim, Burgerroth, Wolfratshausen 1988.

Müller, Peter (Hrsg.): Kloster Bronnbach 1153–1803. 650 Jahre Zisterzienser im Taubertal, Wertheim 2. erw. Auflage 2007.

Pfistermeister, Ursula: Wehrhaftes Franken. Bd. 2: Burgen, Kirchenburgen, Stadtmauern um Würzburg, Nürnberg 2001.

Rahrbach, Anton/Schöffl, Jörg/Schramm, Otto: Schlösser und Burgen in Unterfranken – Eine vollständige Darstellung aller Schlösser, Herrensitze, Burgen und Ruinen in den unterfränkischen kreisfreien Städten und Landkreisen, Nürnberg 2002.

Rakowitz, Robert: Ehemalige Kartause „Cella Salutis" Tückelhausen, Ochsenfurt/Tückelhausen 1982.

Rugel, Leonhard: Burkardroth und Frauenroth, Kurzführer Regensburg 1994.

Schneider, Erich: Klöster und Stifte in Mainfranken, Würzburg 1993.

Treutwein, Karl: Unbekanntes Mainfranken. Mit der Leica auf der Suche nach verborgener Schönheit, Lichtenfels 1964 (2. erw. Aufl. 1970).

Treutwein, Karl: Unterfranken. Landschaft-Geschichte-Kultur-Kunst, Nürnberg [4]1987.

Karte – sämtliche Ziele in Mainfranken

Die Ziffern in den Fähnchen beziehen sich auf die jeweiligen Kapitelanfangsseiten. Zur besseren Orientierung wurden wichtige Orte eingefügt (grau).

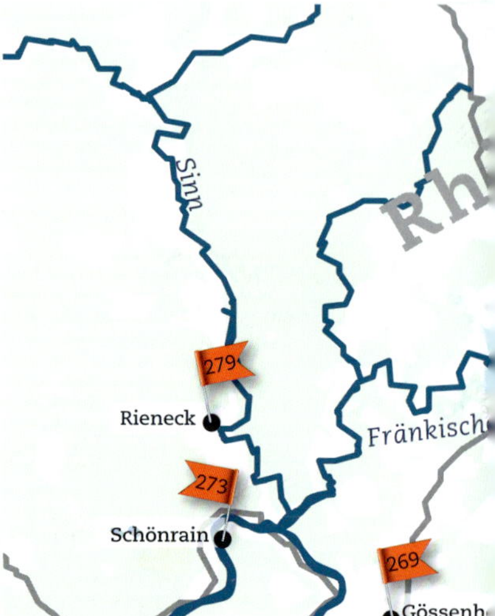

Frauenroth
17
Bildhausen
23
A 71
Bad Kissingen
11
Trimburg
Haßberge
A 7
37
51
57
65
Unterhohenried
Haßfurt
Schweinfurt
31
43
Egenhausen
Main
Gochsheim
Maria Burghausen
79
A 70
73
Arnstein
Grettstadt
87
Sulzheim
91
Main
Gerolzhofen
99
Maidbronn
Volkach
105
Prichsenstadt
199
119
Würzburg
Wiesentheid
111
Kitzingen
137
131
125
Castell
Rödelsee
159
Schwanberg
Steigerwald
Sulzfeld
Mainbernheim
145
167
151
Mönchsondheim
177
Ochsenfurt
Wässerndorf
185
Tückelhausen
Aub

Ortsregister

Abbildungsnachweis

Carsten Albert: 221
Archiv Markt Werneck: 34
Foto Besserer: 195 u.
Frank Dziamski Internetagentur PIT-Business.de: 185, 187, 188, 189, 190
Fürstlich Löwenstein-Wertheim-Freudenberg'sche Verwaltung: 261 u., 262
Gästeinformation Dorfschätze Wiesentheid: 119
Gasthof zum Storch: 109
Gemeinde Gochsheim: 48
Klaus Leidorf: 11, 43, 65, 125, 133, 151, 167, 177, 193, 207, 227 o., 235 u., 243, 259, 279
Rainer Leng: Umschlagvorderseite oben, Umschlagrückseite links und Mitte, 14, 17, 18, 21, 23, 24, 26, 29, 31, 33, 37, 39, 44, 45, 46, 47, 49, 51, 53, 54, 55, 57, 60, 62, 63, 66/67, 68, 70, 71, 75 r.u., 76, 77, 79, 81, 83, 84, 87, 89, 91, 93, 94, 95, 96, 97, 99, 101, 103, 105, 107 l.u., 111, 113 u., 115, 116, 121, 127, 128, 131, 134, 140, 142, 145, 147, 148, 149, 153, 154, 156, 159, 161 r.u., 162, 170, 172 l.u., 172 r.u., 179 r.o., 180, 182, 195 o., 197, 209, 213, 215, 219, 222, 225, 227 u., 228, 229, 230, 233, 235 o., 236, 238, 240, 253, 261 o., 265, 269, 273, 275, 276, 281
Martin von Wagner Museum der Universität München, Foto: P. Neckermann: 201, 203, 204
Armin Neuberger, www.armin-neuberger.de: 249, 251
Günter Reinwarth: 218
Gerhard Schenkel: 161 o., 161 l.u., 163 l.o., 164
Shutterstock: 199
Stadt Klingenberg a. Main: 255, 256
Tourismus Wertheim: 245 u.
Volk Verlag: 163 r.o.
Alle anderen Wikipedia: 28 (DKrieger); 59, Umschlagrückseite rechts, 107 o. (Berthold Werner); 64 (Wolfgang Sauber); 73, 75 o., 75 l.u. (Störfix); 107 r.u. (BerndH); 113 l.o. (Settembrini); 137, 143 l. (Dr. Volkmar Rudolf); 143 r. (Tilman2007); 169 (Andreas Praefcke); 172 o. (Luidger); 179 l.o. (Muesse)

Der Autor

Prof. Dr. Rainer Leng arbeitete in verschiedenen Forschungseinrichtungen und vertrat Lehrstühle für Mittelalterliche Geschichte in Würzburg und Stuttgart. Seit 2008 ist er außerplanmäßiger Professor für Mittelalterliche Geschichte an der Universität Würzburg. 2011 gründete er ein Unternehmen für geisteswissenschaftliche Seminare: www.studiora.de.